ODOARDO BECCARI

LE PALME
DELLA
NUOVA CALEDONIA

Le Palme della Nuova Caledonia

per

ODOARDO BECCARI

Le Palme indigena nella Nuova Caledonia non sono molte ma in compenso sono assai caratteristiche e tutte sono endemiche. La sola *Veitchia arecina* appartiene ad un Genere nere che ha alcuni altri rappresentanti fuori dei confini della Flora neocaledonica: tutti gli altri generi le sono particolari, sebbene mostrino notevoli affinità con altre Palme proprie dei gruppi d'isole polinesiane più prossimi. È un fatto degno di nota che, ad eccezione della *Pritchardiopsis Jenneneyi* Becc. appartenente alla Tribù delle *Coryphae,* tutte le altre Palme indigene della Nuova Caledonia sono delle *Areceae* e che manca qualunque rappresentante delle *Lepidocaryea.*

Le *Areceae* neocaledoniane sin'ora a me note sono 24; queste, ad eccezione del genere *Basselinia* rappresentato da una diecina di specie, sono indubbiamente collegate l'una all'altra da caratteri generici assai definiti: quasi tutte non offrono fra di loro affinità tali da poterle raggruppare in generi naturali, ma rappresentano piuttosto altrettanti monotipi, che sebbene non privi di alcuni caratteri comuni, ciascuno presenta delle caratteristiche speciali, di guisa che si è costretti ad istituire per quasi ognuno di essi un genere

Nelle Palme della Nuova Caledonia i caratteri principali, che servono a distinguere i generi si riscontrano: nei fiori ♂ simmetrici o no; nel numero degli stami; nella forma delle antere: nella presenza o no di un rudimento d'ovario e nei frutti. In questi ha notevole importanza la pozione dei resti degli stigmi e sopratutto la differente distribuzione degli elementi istologici, che costituiscono il pericarpio ed anche il seme per la sua differente forma e per la maniera, d'attacco nella loggia.

Merita di esser notato il fatto, che il seme di tutte le Palme della Nuova Caledonia è ad albume omogeneo e che nessuna di esse possiede un seme ruminato, ciò che farebbe supporre che non si sia reso necessario l'immagazzinamento di sostanze tanniche come mezzo di protezione contro il morso dei roditori.

Il materiale che mi ha servito per il presente studio mi è stato per la massima parte donato dal compianto amico il prof. M. Cornu e consiste in una serie quasi completa delle Palme raccolte nella Nuova Caledonia da Balansa. Mi è stato poi di grande aiuto la collezione delle Palme raccolte nella Nuova Caledonia da Vieillard e da Pancher conservata nell'Erbario di Caen, che per intiero mi è stata comunicata liberalmente dal prof. Lignier, al quale invio un postumo tributo di riconoscenza. Ho ottenuto poi campioni di Palme, Caledoniane dal prof. U. Martelli, che li aveva ricevuti dal sig. Perret: dal dott. Schlechter, dal sig. Cribs. dall'Erbario di Parigi e dai sigg. Fratelli Sarasin, ai quali tutti presento i miei più vivi ringraziamenti.

Di tutte le Palme sino a qui indicate come indigene della Nuova Caledonia ho potuto quindi esaminare campioni autentici; meno che della *Cyphokentia Humboldtiana* e della *Basselinia* (*Microkentia*) *Billardierii.*

Ho di già fatto conoscere («Webbia», III 1910, p. 142)

che un notevole cambiamento nella nomenclatura dei Generi caledoniani si è reso necessario in seguito alla scoperta di una memoria di Vieillard, passata inavvertita e pubblicata nel «Bulletin de la Société Linnéenne de Normandie»,2.ᵉ Sèrie, v. VI (187-72). (Si vedano in proposito le notizie a generi (*Chambeyronia* e *Basselinia*).

PROSPETTO DEI GENERI DELLE PALME INDIGENE

nella Nuova Caledonia

Prichardiopsis Becc.

I Folia flabellata

II Folia pinnatisecta.

A Ovulum parietale. Hilum elongatum, lineare.

⊙ (Foliorum segmenta apice praemorsa. Flores ♂ symmetrici.

Fructus majusculus, arecoideus.

Weitchia H. Wendl.

⊙⊙ (Foliorum segmenta acuminata. Flores ♂ asymmetrici.

a. Fiori ♂ stamina valde numerosa (±50); ovarii riudimentum 0.

Fructus magnus, arecoideus.

Chambeyronia Wieill.

b. Floris ♂ stamina 15-18; ovarii rudimentum 0.

Fructus parvus, olivaeformis.

Kentiopsis A. Brong.

⊙⊙⊙(Foliorum segmenta acuminata. Flores ♂ symmetrici.

a. Floris ♂ stamina 24-30; ovarii rudimentum basi bulbosum, superne in collum tenue attenuatum, staminibus subaequilongum. Fructus regularis, ovatus

Actinokentia U. Dammer.

b. Floris ♂ stamina 6. Ovarii rudimentum a basi lata, superne attenuatum, staminibus brevius. Fructus gibbosus, obtuse angulosus, oblique crasseque rostratus. Semen valde irregulare, subcordatum.

Rhynchocarpa Becc.

B. Ovulum ab apice loculi pendulum. Seminis hilum breve. Foliorum segmenta (ubi nota) acuminata.

⊙ (Stigmatum residuis in fructu apicalia vel leviter

excentrica. Floris ♂ symmetrici, staminibus, 6.

+ Semen teres, regularis

a. Fructus reotus, stigmatum residuis fere exacte apicalibus. Floris ♂ ovarii rudimentum majusculum columnare, staminibus longiore.

Cyphophoenix H. Wendl.

b. Fructus curvulus, stigmatum residuis leviter excentricis. Floris ♂ ovarii rudimentum acuminatum staminibus brevius.

Campecarpus H. Wendl.

++ Semen irregulare, ± angulosum.

a. Fructus sphaericus, stigmatum residuis paullo infra apicem lateralibus. Endocarpium sublignoso-grumosum. Floris ♂ ovarii rudimentum majusculum capitellatum staminibus longiore.

Cyphosperma H. Wendl.

⊙⊙ (Stigmatum residui in cima fructus basi siti.

+ Floris ♂ stamina 12. Fructus regularis, globoso-ovatus.

Cyphokentia A. Brongn.

++ Floris ♂ stamina 6.

a. Fructus oblongus, curvulo-reniformis. Semen quoque curvulus, ad basin loculi spermophoro ope insertum. Semen omnino plaenum.

Dolicokentia Becc.

b. Fructus ovato-ellipticus regularis. Semen ad basin loculi absque spermophoro insertum. Semenis albumen anguste cavum.

Brongniartikentia Becc.

⊙⊙⊙(Stigmatum residuis circiter ad medium fructus lateris sitis.

a. Flores in ramulorum parte basilari glomerulato-terni, flore intermedio ♀ quam lateralibus ♂ crassiori et superne gemini et tantum ♂.

Clinosperma Becc.

b. Spadicis rami floriferi elongati, floribus

glomerulato-3-ni, intermedio ♀, prorsus onusti.

Basselinia Viell:

ENUMERAZIONE DELLE PALME DELLA NUOVA CALEDONIA.

1 **Pritchardiopsis Jennencyi** Becc.
2 **Veitchia arecina** Becc.
3 **Chambeyronia macrocarpa** (Ad. Brongn.) Vieill.
4 — **Hookerii** Becc.
5. **Kentiopsis olivaeformis** Ad. Brongn.
6. **Actinokeptia divaricata** (Ad. Brongn.) U. Damm.
7 **Cyphophoenix elegans** (Ad. Brongn.) H. Wendl.
8 **Campecarpus fulcita** (Ad. Brongn.) H. Wendl.
9 **Cyphosperma Balansae** (Ad. Brongm) H. Wendl.
10 **Rhynchocarpa Vieillardi** (Ad. Brongn.) Becc.
11 **Cyphokentia macrostachya** (Pancher) Ad. Brongn.
12 — **Humboldtiana** Ad. Brongn.
13. **Dolicokentia robusta** (Ad. Brongn.) Becc.
14 **Brongniartikentia vaginata** (Ad. Brongn.)
15 **Clinosperma bractealis** (Ad. Brongn.) Becc.
16 **Basselinia gracilis** Vieill.
17. — **heterophylla** Becc.
18. — **Deplanchel** Viell.
19. — **eriostachys** (Ad. Brong.) Becc.
20. — **surculosa** (Ad. Brongn.) Becc.
21. — **Pancherii** Vieill.
22. — **tomentosa** Bec.
23. — **velutina** Becc.
24. — **glabrata** Becc.
25. — **Billardierii** (Ad. Brongn.) Becc.

Note solo di nome.

Basselinia Kanaliensis Vieill. in «Bull. Soc. Linn. Norm». *2.ª* S. VI 1870-72 (1873) 232

— **Lenormandii** Vieill. l. c.

Pritchardiopsis Becc. in Webbia, III (1910) 131, f. l.

Palma che partecipa dei caratteri delle *Liciuala* e delle *Pritchandia* ma da ambedue perfettamente distinta. È principalmente caratterizzata dall'assai grosso frutto pomiforme, monospermo, con pericarpio carnoso; endocarpio sottile, legnoso e seme eretto, con ilo basilare e con una larga intrusione dell'integumento, che dalla base penetra sino al centro dell'albume.

Pritchardiopsis Jennencyi Becc, l. c., p. 132.

Palma dall'aspetto di una piccola *Pritchardia,* alta circa 5 metri. *Foglie* cuneato-flabellate, multifide, intieramente glabre e senza lepidi: picciolo completamente inerme. *Spadici* apparentemente simili a quelli di una *Pritchardia,* molto ramosi, glabrerrimi, paniculati; ramoscelli fioriferi corti, lunghi solo 2-4 cm. *Fiori* assai numerosi, alternato-spirali, sessili allorchè non ancora aperti, lanceolati, acuti, lunghi 5 e spessi 2 mm., a calice ciatiforme-allungato, brevemente 3-dentato; corolla con brevissima parte tubulosa, divisa in 3 lobi persistenti, patenti, crassi, fortemente alveolati internamente. Stami 6, con filamenti a base crassa. con apice subulato: antere piccole, subglobose. *Frutto* pomiforme di 3,5 cm. di diam.; mesocarpio carnoso, spesso circa 8 mm.; l'endocarpio forma un nocciolo con guscio sottile, legnoso, ma assai prolungato in basso in una base solida.

Cresceva in un'area molto limitata a Prony nella estremità S. E. della grande isola. Per maggiori dettagli intorno a questa distintissima Palma si veda quanto ho scritto nella Webbia, l. c.

Veitchia II. Wendl. In Seem. Fl. Vit. 270 (ex parte) et excl. t. 81 (V. *Storckii* H. Wendl.).

Il genere *Veitchia* sino a qui risultava composto di 4 specie; cioè della *V. Joannis* H. Wendl., della *V. subglobosa* H. Wendl., della *V. spiralis* H. Wendl. e della *V. Stor*ckii H. Wendl. Dallo studio accurato che io ho fatto di queste palme mi risulterebbe che la *V. Storckii,* si allontana molto dalle altre *Veitchia,* ed io per questo reputo opportuno di creare per essa il nuovo genere *Neoveitchia.* Alle tipiche *Veitchia* poi io ho da aggiungere, oltre alla *V. arecina* neocaledoniana qui adesso descritta, altre due specie, la *V. Metiti* Becc. e la *V. Hookeriana* Becc. delle quali mi limito per ora a pubblicare qui sotto una breve diagnosi insieme a quella del nuovo genere; creato per la *Veitchia Stockii.*

Veitchia Meliti Becc. sp. n. — Fructus ellipticus, utrinque aequaliter attenuatus, 4,5 cm. longus, 2 cm. crassus. Perianthium fructiferum profunde cyathiformi-cupulare, 14-15 mm, longum, et 17 mm. in ore latum, tertiam fructus inferiorem partem vestiens. Semen ovatum, utrinque aequaliter rotundatum. In insula Vanna, Lava, Novarum Hebridarum.

Ho rammentato questa Palma nella «Webbia», III, 153, sotto il nome di *Exorrhiza Wendlandiana.* È affine alla *V. Joannis,* dalla quale si distingue per il suo calice ciatiforme assai profondo, per i suoi frutti ellissoideo-fusiformi e per il seme ovoideo-ellittico, egualmente arrotondato alle due estremità.

Veitchia Hookeriana Bec. sp. n.— Flores ♂ ovati, superne attenuati, acuti: antheris anguste sagittatis, apice bicuspidatis. Fructus regulariter ovatus, basi rotundatus, superne conicus, apice obtusus, 43-45x25-28 mm. metiens. Semen ovato-ellipsoideum, utrinque subaequaliter rotundatum; rapheis ramis laxe reticulatis. Perianthium fructiferum depresse cupulare, quintam fructus partem vestiens. — Patria dubia.

L'esemplare tipico di questa specie si trova nell'Erbario di Kew con l'etichetta: Brisbane (Hort.?) W. Hill. may 188l. Poi Brisbane è stato scancellato col lapis e pure col lapis vi è stato sostituito dì mano di Hooker «Cardwall». (letter).

I frutti hanno la forma e grandezza di quelli della *Veitchia arecina.* E caratterizzata dal perianzio fruttifero molto poco profondo perché il frutto ha una base molto larga, ma specialmente dai fiori ♂ con antere angustissime con l'apice bifido e quindi con le logge termante in punta subulata acutissima.

Neoveitchia Becc. gen. nov. *Veitchia* sp. H. Wendl. — Frondium segmenta acuminata. Spadix amplus decompositus. Ramuli floriferi elongati, in parte basilare crassiusculi et flores ♀ pauci solitarii (non glomerulato-3-nati, intermedio ♀ et lateralibus masculis). Flores ♂ symmetrici, in scrobiculis bini et superpositi (non collatereales); staminibus 6. Flores ♀ globoso-ovati, majusculi in alveolis profmide immersi.

Neoveitchia Storckii Becc. — *Veitichia Storckii* H. Wendl. in Seem. FI. Vit. 270, t. 81 (excl. descr. et ic. fructus?).

A me sembra che la *Veitchia Storckii* sia stata fondata con i frutti di una vera e distinta specie di *Veitchia* (apparentemente della *V. Joannis*) ed i segmenti di una foglia ed i rami fioriferi di una palma appartenente a tutt'altro Genere. È su questa foglia e su questi rami fioriferi che viene stabilito il genere *Neoveitchia.*

Veitchia arecina Becc. sp. n. — Arbor mediocris (?). Foliorum segmenta superiora circ. 60 cm. longa, 25 mm. in medio lata, apice oblique truncata. Flores ♂ oblongi, superne non attenuati. 15 mm. longi; antheris apice emarginatis vel bicornutis. Fructus ovatus vel subobovatus 4,5 cm. longus, 3 cm. crassus. Periantnium fructiferum haud profonde cupulare, quartam fructus partem vestiens.

È apparentemente una Palma assai grande. I segmenti delle *foglie* prossimi all'apice sono latamente lineari, molto leggermente sigmoidei, attenuati un poco in basso, ristretti debolmente verso l'estremità, lunghi circa 60 cm., larghi nella parte intermedia 25 mm. cartaceo-suberbacei, obliquamente troncati e dentato-premorsi all'apice, con denti piuttosto acuti, costa media assai prominente sulle due facce, con alcune pagliette brune presso la base nella pagina inferiore, che del resto è glabra e senza squamule lungo i nervi secondari o terziarî: nervi secondarî sottili, 3-4 per parte alla costa mediana, assai distinti sulle due facce; nervi terziarî molto fini; venule transverse indistinte; margini assai inspessiti, minutamente coperti da squamule brune, puntiformi. *Spadice* con rami angolosi, glabri, sinuosi, portanti 3-4 (od anche più?) fiori in basso e solo fiori maschi solitarii nella parte apicale. *Fiori* ♂ relativamente assai grandi, regolari e che rammentano quelli dell'*Arenga saccharifera;* quando bene sviluppali sono oblunghi, ottusi, lunghi 15 mm, larghi 7 mm.; sepali valvati, rotondati, concavo-saccati e molto acutamente carenati sul dorso; corolla due volte più lunga del calice; petali coriacei, oblunghi, cimbiformi, a margini paralleli; stami numerosi; filamenti subulati; antere lineari molto anguste, profondamente marginate o bicornute all'apice, a logge parallele, assai profondamente disgiunte in basso; rudimento d'ovario? *Frutti* ovati o subobovati, lunghi 4.5 cm. e larghi 3 cm., alquanto bruscamente ristretti all'apice in breve e larga punta conica, ottusa, terminata da resti di stigmi corti, triangolari e conuiventi. Pericarpio spesso circa 5 mm.; epicarpio sottile, liscio: mesocarpio formato da fibre uniformi; endocarpio sottile. *Seme* subgloboso, lungo 2,5 cm. e largo 18 mm.; ilo lineare lungo tutto un lato; albume omogeneo: embrione basilare. Perianzio fruttifero non molto, profondamente cupolare, coprente circa la quarta parte del frutto o poco meno, di circa 2,5 cm. di diam.; calice a sepali larghi, imbricati, a contorno rotondato, ± fesso; corolla il doppio più lunga del calice; petali rotondati, più larghi che alti, sottilmente coriacei, a contorno crenulato, con appena un accenno di punta ottusa nel mezzo.

Habitat. — La Nuova Caledonia. Raccolta a quanto sembra a Puebo da Vieillard. L'esemplare tipico si conserva nell'Erb. di Caen ed è assai incompleto, ma sufficiente per stabilire la sua posizione generica, ciò che è assai importante, non essendo sino ad ora conosciuto che il genere *Veitchia* facesse parte della Flora della Nuova Caledonia.

Chambeyronia Vieillard, in Bull. Soc. Linn. de Norman-die, *2.°* Sér. VI 1870-72 (anno 1873) 229. — *Kentiopsis* Ad. Brongu. in Compt. Rend. Ac. Sc. Paris, LXXVII " (1873) 398 (ex parte),

Vieillard ha adoprato questo nome generico nel suo «Etude sur les Palmiers de la Nouvelle Calédonie» pubblicato nel «Bulletin de la Société Linnéenne de Normandie», 2.e sèrie, v. VI, 1870-72, pp. 226-232, che però dalle informazioni che mi ha comunicato il compianto prof. Lignier, sembra sia comparso a Caen solo al principio del 1873. Le Palme per le quali Vieillard aveva creato il genere *Chambeyronia* corrispondono, almeno in parte, alle *Kentiopsis* di Ad. Brongniart.

Vieillard ha bene caratterizzato il gen. *Chambeyronia* del quale egli scrive, che ha una «Bacca ovato-pyramidata magna». In detto genere viene inclusa la *C. macrocarpa* Vieill., la *C. Brebissonii* Vieill. e la *C. Morieri* Vieill. Che la *C. macrocarpa* Vieill. corrisponda alla *Kentiopsis macrocarpa* Brongn. non vi è dubbio, perché Brongniart stesso, nella sua Memoria nei «Comptes Rendus» a pag. 398 riporta come sinonimo della sua *Kentiopsis macrocarpa* la *Kentia macrocarpa* Vieillard ex Pancher in Herb.

Le altre due specie di *Chambeyronia* (*C. Brebissonii* e *C. Morieri*) non è possibile di identificarle, perché indicate col solo nome, sebbene alla seduta della Società nella quale Vieillard lesse la memoria, venissero presentati i disegni di 14 Palme della Nuova Caledonia e fra questi figurassero quelli delle 3 rammentate *Chambeyronia.* Ma di quei due disegni non si trova più trancia, per quante ricerche ne abbia fatto il prof. Lignier.

Il genere *Kentiopsis* Brongn. comparve nei «Comptes Rendus» l'11 Agosto 1873; sembrerebbe quindi certo che il genere *Chambeyronia* dovesse avere la precedenza sopra *Kentiopsis.*

Io ritengo però che ambedue i nomi possano mantenersi. Infatti Brongniart include nel genere *Kentiopsis:* l.° la K, *macrocarpa,* alla quale deve esser riserbato il nome di *Chambeyronia:* 2.° la *Kentiopsis divaricata* Brongn., per la quale U. Dammer ha proposto il nome generico di *Actinokentia.* Rimane la 3.°, la *Kentiopsis olivaeformis,* che può considerarsi come il tipo vero del genere *Kentiopsis.*

Il genere *Chambeyronia* è caratterizzato dalle foglie a segmenti numerosi, fortemente reduplicati alla base, terminati in punta acuminata (non fessa), ± falcata, percorsi da una costa mediana robustissima e con margini fortemente ringrossati da un grosso nervo. Esso ha i fiori ♂ asimmetrici, subtrigoni; calice con sepali liberi; corolla molto più lunga del calice, con petali pergamenacei quasi spianati. Stami in numero indefinito, a filamenti dritti, corti, non inflessi all'apice: antere basifisse, erette, sagittale: manca ogni rudimento d'ovario. Fiori ♀ con petali latamente imbricati, terminati da punta deltoida-valvare: ovario globoso a stigmi brevi, triangolari, crassi; ovulo parietale; staminodi 3, piccoli, dentiformi. Frutto grosso, arecoideo. regolare, con i resti degli stigmi apicali a superficie resa finamente granulosa da minuti sottostanti sclerosomi: mesocarpio provvisto di ammassi fibrosi cartilaginei nella parte intermedia e di fibre parallele nella parte più interna: endocarpio molto sottile, vetrino. Seme ovato, regolare, lungo tutto un lato percorso da un conspicuo ilo lineare: diramazioni del rafe numerose, discendenti dall'apice del seme, fortemente anastomosate. Albume omogeneo, pieno embrione esattamente basilare.

Chambeyronia Vieill. (*Kentiopsis* Brongn. ex parte).

Chambeyronia macrocarpa Vieill. — Elata, amplissima, lan-ceolato-ensiformia. Foliorum segmenta ultrametralia, 10 cm. lata, utrinque subconcoloria. Flores ♂ 10 mm. longi, 5-7 mm. crassi. Fructus ovato-ellipsoideus, 4 cm. longus, 3 cm. crassus. Perianthium fructiferum depresse cupolare in ore trigono valde ampliatum.

Chambeyronia Hookerii Becc. — Foliorum segmenta subtus pallidiora. Flores ♂ 12-15 mm. longi, 8-10 mm. crassi. Fructus elongato-ellipsoideus, superne conicus, 5,5-6 cm. longus, 3 cm. crassus. Perianthium fructiferum profonde cupulare vix in ore ampliatum.

Chambeyronia macrocarpa Vieillard, in Bull. Soc. Linn. de Normandie, 2.e Ser. v. VI 1870-72, 230. — *Kentiopsis macrocarpa A.* Brongn. in Compt. Rend. Ac. Sc. Paris, LXXVII (1873) 398; Kerch. Les Palm. 324, t. VI. — *Kentia macrocarpa* Vieill. ex Ad. Brongn, l. c. — *Kentia Lindenii* Hort.

ICON. Tav. I, fig. *a-i.*

Palma grande eguagliante in altezza il *Cocos nucifera* con tronco quasi liscio. *Foglie* grandi con rachide robustissimo e numerosi segmenti equidistanti, grandi, allungato-lanceolati, coriacei, glabri e subconcolori sulle due facce: quelli intermedii lunghi 1,30 m., larghi 10 cm.; ristretti in basso ed ivi coi margini fortemente reduplicati, ristretti pure in alto e terminati in punta acuminata; costa media robustissima, molto rilevata e quadrata nella pagina superiore, con dorso largo 2,5-3 mm.; accompagnata da alcuni altri nervi pochissimo distinti; nella pagina inferiore la costola mediana è poco rilevata, tondeggiante ed accompagnata da vari nervi secondari molto rilevati, specialmente presso la base, ma che divengono più sottili verso l'estremità; venule transverse indistinte; margini fortemente inspessiti da un grosso nervo quadrato, robusto quasi quanto la costola mediana. *Spadice* robusto, duplicato (o 3-plicato?) ramoso, glabro in ogni parte; rami secondari (o terziarî) divisi in varî ramoscelli fioriferi, fastigiati; questi sono robusti, molto ineguali, lunghi 15-30 sino 40 cm., acutamente angolosi e fortemente sinuosi fra un glomerulo di fiori e l'altro, spessi alla base 5-7 mm., terminati in punta sottile, alle volte portanti glomeruli di fiori 3-ni, col mediano femineo per quasi tutta la lunghezza loro, vale a dire meno che per il tratto di pochi centim. dall'estremità, dove si trovano soli fiori ♂ gemini. Altre volte (Balansa, n. 2911) i ramoscelli portano pochi glomeruli terni in basso e la parte che porta soli fiori, ♀ è assai allungata. I glomeruli dei fiori sono alternato-spirali e riposano sopra intaccature o scrobicoli molto pronunziati, provvisti inferiormente di una brattea (labbro dello scrobicolo) coriacea, larga, corta, con piccola punta acuta nel centro, che insieme alle brattee speciali del fiore femineo (pure coriacee, larghe, più corte ed acute da un lato) formano una bassa coppa larga circa 1 cm. per il ricevimento dei fiori ♀ I *fiori* ♂ sono irregolari, ovato-lanceolati od oblunghi ed irregolari per la mutua pressione contro la parte assile del ramo e quindi sempre ± angoloso gibbosi e subtrigoni, sinuosi, acutiusculi, lunghi circa

10 mm., larghi 5-7 mm.; calice trigono, di 3 pezzi liberi, latamente triangolari, acuti, molto acutamente carenati sul dorso, rigidi; petali oblungo-lanceolati, inequilateri, acuti, pergamenacei, poco concavi o ± pianeggianti (non concavo-cimbiformi) fortemente ma finamente striati di fuori: stami numerosi (ne ho contati 55 in un fiore), alquanto ineguali, portati da una specie di toro conico; filamenti filiformi, più corti delle respettive antere, non inflessi all'apice: antere molto angustamente sagittate, biauriculate alla base, basifisse, erette, a connettivo nero, inserite verso il terzo inferiore, emarginate all'apice; manca ogni traccia di ovario abortivo. *Fiori* ♀ assai grossi, bassamente conico-piramidati, trigoni, con base larga, pianeggiante, un poco più larghi che alti (alti 8-9 mm.; larghi 10 mm.); sepali coriacei, latamente imbricati, fortemente concavi e saccati in basso, latamente trigoni, actitiusculi, ± acutamente carenati sul dorso, poco distintamente striato-venosi; petali coriacei, circa $^1/_3$, più lunghi dei sepali, larghissimi, terminati in punta deltoidea-valvare, acutiuscula, acutamente striato-venosi all'esterno; ovario del fiore in boccio bene sviluppato, globoso, bruscamente contratto in basso: stigmi triangolari, crassi, formanti una larga punta piramidata; staminodi 3, minutissimi, dentiformi. *Perianzio fruttifero* cupulare, largo circa 2 cm., alto 15 mm. *Frutti,* grossi, regolarmente oviformi-ellittici, lunghi circa 4 cm. e larghi circa 3 cm., leggermente ristretti alle due estremità, terminati da un'areola rilevata disciforme, larga 7-8 mm., sulla quale si trovano i resti marcescenti degli stigmi; la base del frutto è quasi acuta ristringendosi esso alquanto nella parte inclusa nel perianzio; sul secco il frutto ha il pericarpio un poco i irregolarmente e latamente contratto, a superficie resa molto finamente granulosa da sottostanti sclerosomi. Il pericarpio nell'insieme è tenacissimo ed ha 3 mm. di spessore; l'epicarpio (o parte esterna del mesocarpio?) di circa $^2/_3$ di mm. di spessore, forma uno strato resistente ma fragile, costituito da uma massa di minutissimi sclerosomi; il mesocarpio, sul fresco, sembra che sia alquanto succulento e di colore arancione (Vieillard), formato da tessuto parenchimatoso, attraversato

però nella sua parte intermedia da alcuni considerevoli ammassi fibrosi, appiattiti, corti e larghi 3-4 mm che allo stato secco sono cartilaginei e tenacissimi, percorso nella parte più interna da fibre sottili parallele; endocarpio molto sottile e vetrino, giallo chiaro e nitido internamente; seme largamente ovoideo, lungo 20-22 mm e largo 18 mm un poco più convesso dal lato esterno che da quello dell'ilo, con base pianeggiante e leggermente ristretta in punta ottusa, percorso lungo un lato, dalla cima sino alla base, da un largo ilo lineare; diramazioni del rafe numerose discendenti principalmente dall'apice, formanti un assai fitto reticolo tutto in giro, con maglie allungate. Albume osseo, durissimo, omogeneo; embrione esattamente basilare.

Habitat Balansa, n. 647, e n. 2911, 1959. Al n. 647 Balansa nota che venne raccolto nell'Isola Onin e che è un albero eguagliante in altezza i Cocchi ed ha un tronco dritto e liscio. Del n. 2911, scrive che ha un tronco alto 10-15 m. e che cresceva nelle foreste al di sopra della «Ferme modèle» a circa 500 m. di altezza e del n. 1915, che era un albero con tronco raggiungente 15-20 m., a circa 800 m. sul livello del mare nelle foreste di Kanala. Ho poi esaminato un grande esemplare dell'Erbario Martelli, raccolto dal sig. Perret l'anno 1907 presso St. Louis.

Vieillard nel suo lavoro non indica precisamente che la sua *Chambeyronia macrocarpa* corrisponda alla *Kentiopsis macrocarpa,* ma ciò si deduce dalla citazione di Brongniart stesso, che a pag. 308 del suo lavoro nei «Comptes Rendus» riporta il sinonimo di *Kentia macrocarpa* Vieill. ex Pancher in Herb.

Secondo Kerchow (l. c.) la *Kentia Chambeyronia macrocarpa si* trova spesso in coltura anche sotto il nome di *Kentia Lindenii,* ma con questo nome ho trovato in commercio anche frutti che io ho riportato alla *Chambeyronia Hookerii.* In Nickolson et Mortel Dict. d'Horticulture la *Kentia robusta* H. Lind. è riportata alla *Cyphosperma Vieillardii* (= *Rhynchocarpa Vieillardii* Becc).

Chambeyronia Hookerii Becc. — *Kentiopsis species diversa?* Benth. et Hook. Gen. plant. III 887.—*Kentia* *macrocarpa* Ad. Brongn. ex parte, Balansa exicc. n. 1958. — *K. Lindenii* Hort. et forsan etiam *K. Luciani* Rodigas.

Icon. Tav. I, fig. l.

L'esemplare di Balansa, da me visto e sul quale è stabilita questa specie, consiste in una porzione di foglia con un solo segmento, in alcuni frutti quasi completamente maturi ed in piccole porzioni di spadice con fiori ♂e ♀ staccati. La porzione di foglie, che sembra avere appartenuto alla parte media del rachide, ha questo robustissimo, largo oltre 3 cm., rotondato di sotto, con facce laterali dove sono inseriti i segmenti concave, molto larghe e con un rilievo centrale simile ad una verga di ferrovia, largo circa 1 cm.; il segmento è allungato-lanceolato, attenuato un poco in basso ed ivi con i margini fortemente reduplicati, brevemente acuminato, lungo 90 cm., largo 8 cm., assai più pallido di sotto che di sopra: del resto in tutto simile a quelli della *Chambeyronia macrocarpa.* I *fiori* ♂ sono pure simili a quelli della *C. macrocarpu,* ma sono più grandi, lunghi 12-15 mm., larghi 8-10 mm. *Frutti* allungato-ellittici, lunghi 5,5-6 cm., larghi 3 cm, egualmente ristretti in modo regolare alle due estremità, con l'apice conico, terminato da una areola orbiculare di circa 1 cm. di diam., del resto simili a quelli della *C. macrocarpa;* seme ovato lungo 25 mm., largo 18 mm. La superficie del frutto maturo è assai poco distintamente granulosa, sebbene sotto l'epicarpio si trovi uno spesso strato di minutissimi sclerosomi. I *fiori* ♀ sembrano più globosi ossia meno distintamente piramidato-trigoni e. più rotondati in basso, che nella *C. macrocarpa.* Il *perianzio fruttifero* è assai profondamente cupulare, poco slargato alla bocca dove misura 21-22 mm. a traverso.

A questa specie sono riferibili dei frutti messi in commercio da Haage et Schmidt sotto il nome di *Kentia Lindenii.* È quindi quasi certo che questa palma si trova in coltura sotto detto nome. Forse anche a questa specie corrisponde la *K. Luciani* Linden, o *Kentiopsis Luciani* Rodigas, III. Hort, XXIX (1882) t.

451.

Gli esemplari di Balansa (n. 1958) portano le indicazioni seguenti: Tronco alto 15-20 m. Spate 2, tubolose. Stami 30-40. Nelle foreste del M. Arago a circa 800 m. di altezza, 29 Novembre 1869.

Si distingue dalla C. *macrocarpa* per i frutti più grossi e più allungati; per i fiori ♂ più grandi e sembrerebbe anche con un minor numero di stami; per i segmenti assai più pallidi di sotto che di sopra e per il perianzio fruttifero assai profondamente cupolare e non slargato alla bocca.

Kentiopsis Brongn. In Compt. Rend. Ac. Sc. Paris, LXXVII (1873) 398 (ex parte); Benth. et Hook. Gen. Pl. III 887 (ex parte).

Mantengo il genere *Kentioppis* per la sola *Kentiopsis olivaeformis* Brongn avendo per le altre due specie che vi aveva riportato Brongniart adottato il genere *Chambeyronia* per la *K macrocarpa* Brongn. ed il gen. *Actinokentia* Dammer per la *K. divaricata* Brongn.

Il genere *Kentiopsis* differisce da *Chambeyronia* per i fiori ♂ con stami in numero definito e per il frutto piccolo, provvisto di un pericarpio di struttura assai differente da quello della *Chambeyronia.* Detto pericarpio è nell'insieme assai spesso e si corruga assai nel frutto secco; ha l'epicarpio pellicolare e tenace; il mesocarpio è munito di un fitto strato di sclerosomi fusiformi nella parte periferica, succolento assai nella parte intermedia ed è provvisto, a contatto con l'endocarpio, di una fascia composta di due strati di fibre sottili complanate parallele e contigue; l'endocarpio è molto sottile e cartilagineo-sublegnoso.

Kentiopsis olivaeformis Brongn. l. c. — Kerch. Les Palmiers.

Ad. 30 m. alta. Foliorum segmenta recta, ensiformia, acuminatissima, intermedia ultrametralia, 4-4,5 cm. lata. Spadix decompositus, ramulis floriferis rigidis, fastigiatis, 30-40 cm. longis, valde angulosis, basi 4-5 mm. crassis, superne attenuatis, alterne 3-serialiter haud profunde alveolatis et inter alveolos alterne sinuose compressis. Flores ♂ ovato-oblongi, irregulariter anguloso-subtrigoni, 5-6 mm. longi. Fructus olivaeformis, 14-17 mm. longus, 8-9 mm. cras-sus, siccus, grosse corrugatus, obscure punctulato-lineolatus. Semen ellipticum utrinque rotundatum, 9-10 x 5,5-6 mm. meticus.

Icon. Tav. II.

Palma grande con tronco sino 30 m. di altezza (Ba-lansa). Le *foglie* dai frammenti si giudicano molto grandi; il rachide nella sua parte intermedia è a sezione trasversale quasi rettangolare; nell'esemplare, da me visto è largo 25 mm. ed alto 17 mm., pianeggiante di sopra, leggermente convesso lungo il centro di sotto e con un largo solco sopra ognuno dei lati dove sono inseriti i segmenti. I segmenti (equidistanti e numerosissimi?) sono molto rigidi, sottilmente coriacei, più pallidi di sotto che di sopra, dritti, ensiformi, lunghissimi, gradatamente attenuati verso la base dove i margini sono fortemente reduplicati; sono inoltre molto gradatamente ristretti dal mezzo in su in punta lungamente acuminata: lunghi oltre 1 m., larghi 4-4,5 cm. (visti 2 soli); sono assai fortemente pluricostulato-nervosi di sotto e molto meno distintamente di sopra, dove la costola mediana è quadrata, molto rilevata e con dorso piano; nella pagina inferiore la costola mediana è meno prominente che di sopra, è acuta e provvista nella parte più bassa di alcune squame allungate; è inoltre percorsa da 2 costole minori e da 2 nervi secondarî assai rilevati: da un lato e dall'altro della costa mediana; i nervi terziarî sono numerosi ma non molto acuti; detta superficie è poi molto fittamente coperta di minutissimi lepidii orbicolari, chiari, visibili solo con una ben forte lente e che la rendono leggermente cenerescente; non si scorgono venule transverse; i margini sono fortemente inspessiti da un nervo quadrato. *Spadici* molto ramosi (4 volte divisi?), glabrerrimi in ogni parte; rami terziarî con parte assile brevissima, subito divisa in 2-3 ramoscelli fioriferi; questi sono rigidi, eretto-fastigiati, lunghi 30-40 cm., spessi alla base 4-5 mm., subito gradatamente assottigliati verso un apice subulato, fortemente angolosi e quasi alternatamente compressi in sensi contrarii fra uno scrobicolo e l'altro; essi portano glomeruli di fiori terni col mediano femineo, ora nel terzo, ora nella metà e talora nei due terzi inferiori e nel rimanente solo fiori ♂ gemini, inseriti in assai accentuate intaccature; i glomeruli 3-ni invece sono accolti in scrobicoli concavi, in forma di scodella, orbicolari, di 4 mm. di diam., con labbro rotondato, intero, poco sporgente e contenenti le brattee del fiore ♀ semianulari, queste non o ben poco sporgenti dall'alveolo. *Fiori* ♂ (visti solo in cattivo stato), alquanto asimmetrici, ovato-oblunghi e ± angoloso-3-goni, lunghi 5-6 mm., larghi 3 mm.: calice acutamente 3-gono; sepali cartilaginei, liberi, imbricati in basso, latamente triangolari, acuti, acutamente carinati sul dorso; corolla varie volte più lunga del calice; petali ± asimmetricamente oblunghi, acuti, sottilmente coriacei, poco distintamente striati di fuori; stami in numero definito (15-18?), uniformi, inseriti sopra un toro piuttosto largo; antere introrse, erette, lineari o leggermente sagittate in basso, ottuse e leggermente smarginate all'apice, a logge libere circa nel quarto inferiore; filamento molto breve, lineare, non inflesso all'apice; rudimento d'ovario 0. *Fiori* ♀ latamente ovato-conici, lunghi 7 mm., larghi alla base 5 mm.; petali a base molto larga, ristretti un poco in punta ottusa; petali poco più lunghi dei sepali, latamente imbricati in basso, terminati in punta deltoidea valvata, acutiuscula (la sola parte che sorpassi il calice). Ovario globoso, sul secco molto bruscamente ristretto in basso, terminato da 3 stigmi triangolari, allungati; staminodi 3, piccoli, dentiformi. *Perianzio fruttifero* cupulare, di 7 mm. di diam. coprente circa la quarta parte del frutto. *Frutti* ovato-ellittici, lunghi 14-17 mm., larghi 8-9 mm. con i resti degli stigmi apicali formanti una papilla rilevata, larga circa 3 mm., sul secco sono largamente corrugati per il ritiro del mesocarpio che sul fresco sembra debba essere stato assai succolento; l'epicarpio è pellicolare, resistente ed al di sotto di esso si trova un fitto strato di sclerosomi fusiformi (strato periferico del mesocarpio) che rendono molto minutamente e non molto distintamente granulato-lineolato la superficie del frutto secco; nella parte intermedia il mesocarpio è grumoso-lacunoso sul secco ed internamente non ha che una doppia serie di sottili fibre complanate, rigide, parallele, fascianti l'endocarpio; questo è sottile, sublegnoso-cartilagineo, giallo-pallido internamente. *Seme* ellittico, lungo 9-10 mm., largo 5,5-6 mm., leggermente ed in modo eguale ristretto e rotondato alle due estremità, percorso lungo tutto un lato dall'ilo, che è lineare ed angusto; da un lato e dall'altro dell'ilo si partono quasi orizzontalmente 9-10 diramazioni vascolari del rafe che formano un lasso reticolato dal lato opposto; albume omogeneo, pieno; embrione esattamente basilare.

Habitat. — Nella Nuova Caledonia sulle rive della Nera al di sotto di Bourail. *Balansa,* n. 766.

Actinokentia Dammer, Beitr. Fl. Neu-Kaled. in Engl, Bot. Jahrb. XXXIX, I 21 — *Kentiopsi* sp. Ad. Brongn. in Compt. *Rend* Ac. Sc. Paris, LXXVII (1873) 398.

Genere stabilito per la *Kentiopsis divaricata* Brongn. della quale Benth. et Hook, nel «Genera Plantarum» III, 887, aveva di già fatto rilevare che differiva dalle *Kentiopsis* per il fiore ♂ simmetrico. Oltre che per questo carattere, differisce dalla *Kentiopsis* (*Chambeyronia*) *macrocarpa* per i petali del fiore ♂ spessi, cimbiformi ed i sepali imbricati, per il piccolo frutto e per la differente struttura anatomica del pericarpio. Dalla *Kentiopsis olivaeformis* differisce pure per il fiore ♂ simmetrico, con stami a filamenti allungati, le antere versatili e per la mancanza di rudimento d'ovario. La struttura del pericarpio è pure assai differente tanto da quella delle *Chambeyronia* quanto da quella della *Kentiopsis*.

Actinokentia divaricata U. Damraer, l. c, *Act. Schlechterii* U. Dammer, l. c. — *Kentiopsis divaricata* Ad. Brongn. in Compt. Rend. Ac. Sc. Paris, LXXVII (1873) 398. Kerch. Les Palm. 323, t. IV. — *Kentia polystemon* Panch. ex H. Wendl. in Kerch. Palm. 248.

Palma mediocris. Foliorum segmenta elongata, late linearia, intermedia 65, cm. longa, 30-32 mm. lata, apice leviter falcata: spadi valde ramosus, ramulis floriteris vulgo 8-10 cm., interdum 20-25 cm., longis, 2-4 mm. crassis, curvulis. Flores ♂ 4-5 mm. longi, 3 mm crassi, ovoidei, in vertice rotundati. Fructus symmetricus, ovatus, conicus, 20-24 mm. longus, 11-13 mm. crassus, parte apicali conica et areola plana 25 mm. lata terminata, conspicue a sclerosomis spolaeformibus granulatus. Semen ovatum, utrinque rotundatum: 13 x 7 mm. metiens.

ICON. Tav. III.

Sembra una palma di mediocre grandezza, con *foglie* assai grandi, a segmenti molto numerosi e probabilmente equidistanti. (Visto solo un piccolo fragmento con due segmenti). Il rachide è minutamente punteggiato-squamuloso: in una parte, che sembra rimanga al di sopra della metà è pianeggiante di sotto, bifaciale di sopra e quivi con angolo poco prominente ed ottuso. I segmenti sono cartacei, rigiduli, allungati, largamente lineari: quelli intermedî, lunghi 65 cm. e della larghezza uniforme di 30-32 mm. sino a circa 20 cm. dall'apice, molto bruscamente ristretti alla base e quivi perciò con i margini fortemente reduplicati; in alto si ristringono in punta acuminata, leggermente falcata; di sopra hanno la costa mediana assai rilevata, subquadrata in basso, acuta verso la punta, ma del resto sono quasi lisci o solo con qualche accenno di pieghe in corrispondenza dei principali nervi secondari sottostanti; la pagina inferiore è glabra subconcolore; ha la costa mediana sottile ed acuta e su di essa si trova solo qualche squamella angustissima presso la base: in detta pagina si osservano 1-2 nervi secondari per parte della costa mediana, assai acuti, insieme ad alcuni altri più sottili ed ineguali; i nervi terziarî sono poco distinti: non si vedono venule transverse; i margini sono fortemente inspessiti. *Spadici* molto ramosi, con ramoscelli fioriferi corti, curvuli, oscuramente od ottusamente trigoni, lunghi 8-10 od anche sino 20-25 cm., spessi in basso 2-4 mm., assottigliati nell'estremità, glabri o molto parcamente e fugacemente sparsi di qualche squamula bruna; gli scrobicoli sono disposti spiralmente in giro, non molto fittamente, lungo 3 serie; nella parte bassa dei ramoscelli gli scrobicoli portano fiori terni col mediano ♀ e sono più distanti e più grandi che nell'estremità, dove si trovano due fiori ♂ con un rudimento di fiori ♀ framezzo e poi nell'estremo apice un solo fiore ♂: gli scrobicoli hanno un labbro molto sporgente, concavo a nido di rondine, a margine rotondato, acuto, per lo più fesso; le brattee del fiore ♀ sono grandi, sepaloidee e formano un caliculo cupulare sporgente dallo scrobicolo; uno dei fiori ♂ è provvisto di una larga bratteola rotondata. I *fiori* ♂ sono simmetrici, lunghi 4-5 mm. e larghi 3 mm., a calice acutamente trigono ± sparso di squainule furfuraceo-rubiginose: i sepali, a contorno rotondato, ciliolato, sono imbricati, concavo-cucullati, assai spessi, acutamente carenati sul dorso, ± calcarati in basso, a superficie unita (non striato-venosa); corolla (inaperta) circa il doppio più lunga del calice, ovoidea, molta ottusamente trigona, con l'apice rotondato; petali ovati, concavo-naviculari. acutiusculi, coriacei, assai spessi, a superficie unita; stami 24-30, alquanto ineguali: antere lineari ottuse o leggermente smarginate all'apice, a largo connettivo nero, a logge parallele o leggermente divaricate in basso, dove sono ± disgiunte, versatili ed inserite sul dorso verso la metà; filamenti ineguali, gracili, filiformi, subulati con punta finissima, non inflessi all'apice:

rudimento d'ovario assai conspicuo, lungo quasi quanto gli stami, ± bulboso in basso ed attenuato in lungo collo. *I fiori* ♀, al momento che i fiori ♂ sono bene sviluppati, sono globosi e di circa 4 mm. di diam. Calice leggermente sparso di squamule forforaceo-rubiginose; sepali fortemente concavi e ± cuculiati, a dorso rotondato; petali larghissimi con breve punta deltoidea valvata; ovario oblungo; stigmi crassi, nel boccio formanti una piramide trigona. Ovulo attaccato lungo tutto un lato della loggia. Staminodi 6, lineari, sottilissimi. *Frutti* regolarmente ovati, lunghi 20-24 mm. e di 11-13 mm. di diam., ristretti alquanto in alto, con l'apice troncato, terminato in un disco orbicolare pianeggiante, largo 2,5 mm. e portante i resti degli stigmi poco conspicui; sul secco, i frutti sono alquanto raggrinziti, di color bruno ocraceo ed hanno la superficie segnata da minuti sclerosomi spoliformi; il pericarpio nell'insieme ha lo spessore di circa 1,5 mm. ed è quasi essucco: l'epicarpio è sottile, fortemente aderente al mesocarpio; questo è costituito esternamente da uno strato assai spesso di sclerosomi ai quali sottosta un tenuissimo strato esclusivamente parenchimatoso e quindi seguono diversi strati di fibre rigide, ineguali, che percorrono tutta la lunghezza del frutto attraverso il parenchima; l'endocarpio è sottilissimo, membranoso-cartilagineo ed aderisce fortemente al mesocarpio. Il seme è regolarmente ovato, rotondato alle due estremità, lungo circa 13 mm. e largo 7 mm., attaccato per tutto un lato alla cavità endocarpica; ha quindi l'ilo angusto che percorre tutto un lato del seme; le diramazioni del rafe sono 6-7 per lato, discendenti in parte dall'alto ed in parte dai lati, poco anastomosate. Albume omogeneo. Embrione basilare. Il *perianzio fruttifero* ricuopre circa la quarta parte del frutto; calice di 3 sepali, rotondati, ± fessi, sottili, rigidi a superficie unita (non striato-venosi); corolla circa il doppio più lunga del calice; petali pure sottili ma rigidi, molto latamente imbricati, terminati in breve punta valvata, latamente 3-angolare, ottusiuscula, ciliolati sui margini, finamente striato-venosi all'esterno e ± sparsi di piccole squamule puntiformi, appresse.

Ho studiato un esemplare raccolto da Pancher sul Mont Congui, n. 765. Ho poi ricevuto dal dott. Schlechter frammenti degli esemplari sui quali il Dammer ha stabilito la sua *Actinokentia Schlechterii,* raccolta a circa 200 m. di altezza lungo il fiume Ugoye, Nov. 1902 (n. 15373 nell'Erb. di Berlino). Da questi campioni ho potuto con certezza stabilire l'identità dell'*Actinokentia Schlechterii* con la *Kentiopsis divaricata* A. Brongn.

Kerchow (l. c.) scrive che questa Palma è stata introdotta in Europa nel 1876 sotto il nome di *Kentia gracilis.* Palma assai distinta, specialmente per il frutto, nel quale la distribuzione degli elementi istologici che compongono il pericarpio è assai differente da quello che si osserva nelle altre Palme neo-caledoniane, sopratutto per lo spesso strato di sclerosomi sotto l'epicarpio e l'endocarpio sottilissimo e cartilagineo.

Cyphophoenix H. Wendl. in Benth. et Hook. Gen. Pl. III, 893.

In questo genere da Bentham ed Hooker erano state incluse due palme, la *Kentia elegans* Brongn. e la *K. fulcita* Brongn. che però da H. Wendland erano state considerate come rappresentanti due generi ben distinti e che io pure ritengo come tali.

Il genere *Cyphophoenix* accoglie quindi la sola *Kentia elegans* Brongn. e rimane molto ben caratterizzato non fosse altro per la struttura tutta speciale del suo frutto. I fiori ♂ sono simmetrici, a calice con sepali imbricati; petali cimbiformi con 6 stami a filamenti inflessi; antere dorsifisse, latamente lineari; rudimento d'ovario assai conspicuo, colonnare, capitellato, lungo quanto od anche un poco più degli stami nel boccio. Fiori ♀ globoso-ovati con petali molto brevemente apicolati. Ovario ovato con stigmi brevi triangolari. Ovulo pendente lateralmente dall'alto della loggia. Frutto mediocre, oblungo, simmetrico: resti degli stigmi apicali riposanti sopra un breve capezzolo, molto distintamente sagrinato allo stato secco. Pericarpio relativamente assai spesso con epicarpio sottile. Mesocarpio provvisto nella parte esterna di uno spesso strato di sclerosomi fusiformi quasi fibriformi; endocarpio sottile ma duro, legnoso-osseo. Il seme è evidentemente attaccato in alto della loggia sopra un lato per un ilo piccolo. Non è quindi vero quanto scrivono gli autori del «Genera Plantarum» che il seme sia eretto con ilo minuto basilare. Per l'attacco del seme rientrerebbe fra le *Clinospermeae* ma essendo il frutto simmetrico viene incluso, artificialmente, fra le *Ptychospermeae,* dalle quali però si discosta per l'ilo molto ristretto e non percorrente tutto un lato del seme.

Cyphophoenix elegans H. Wendl. in Berith. et Hook. Gen. Pl. III 893. — *Kentia elegans* Ad. Brongn. et Gris in Ann. Sc. Nat. 5e Sèrie v. II 160 et Ad. Brongn. in Compt. Rend. Ac. Sc, Paris. LXXVII (1873) 399.

Caudex 8-10 m. altus. Folia... Spadix patule decompositus, ramulis floriferis rectis, teretibus, crebriuscule regulariter 3-seriato-scrobiculatis, fructiferis basi 5 mm. crassis, 25-30 mm. longis. Flores ♂ symmetrici, ovati, superne attenuati, 3,5-4 mm. longi, 2 mm. crassi. Fructus oblongo-ellipsoideus, 20-22 longus, 1 cm. crassus, fere centraliter apiculato-mammillatus, conspicue granulatus. Semen teres, 16 X 6,5 mm. metiens, utrinque rotundatum.

Icon. Tav. IV.

Palma con tronco alto 8-10 rn. (Balansa). *Foglie....* Spadice assai grande, patentemente duplicato (o 3-plicato) ramoso: rami fioriferi lunghi 25-30 cm., glabri, rigidi, tereti, finamente grinzosi sul secco, di 3 mm. di diam. alla base, inspessiti poi sino a 5 mm. allo stato fruttifero, assottigliati alquanto dal mezzo in su, spiralmente scrobicolati con molta regolarità, lungo 3 serie: gli scrobicoli nella metà o nel terzo inferiore sono assai discosti l'uno dall'altro e sono scavati a nido di rondine, hanno un labbro rotondato, acuto, alquanto, sporgente ed accolgono glomeruli di 3 fiori col mediano femineo; in questi scrobicoli le brattee del fiore ♀ sono rotondate, sepaloidee, sporgenti assai; nel rimanente gli scrobicoli sono più fitti, più piccoli e più superficiali, hanno il labbro meno sporgente e portano solo fiori ♂ gemini. *Fiori* ♂ regolari, ovati, lunghi 3,5-4 min., larghi 2 mm., 3-goni, attenuati alquanto in alto in punta ottusa; sepali liberi, molto larghi, fortemente concavo-cuculiati, sottilmente coriacei, acutamente carenati sul dorso, lisci, ciliolati al margine; petali circa il doppio più lunghi del calice, coriacei, assai spessi, oblungo-ellittici, cimbiformi acutiusculi, opachi, non o molto indistintamente striato-costulati di fuori; stami 6, eguali, a filamenti filiformi, inflessi all'apice; antere versatili, dorsifisse, allungate, leggermente sagittate in basso, acute, con loggie a contorno leggermente ondulato-mesenteriforme; rudimento d'ovario angustamente colonnare, angoloso-solcato per il lungo, capitellato e brevemente 3-lobo nell'apice, quasi più lungo degli stami avanti la fioritura. *Fiori* ♀ alquanto più grossi dei ♂, globoso-ovati; sepali suborbicolari, fortemente concavi, rotondati sul dorso; petali larghi e convoluto-imbricati in basso, terminati da una brevissima punta triangolare, ottusa, valvata; staminodi 3, dentiformi, triangolari. Ovario obovato-oblungo, terminato da 3 stigmi brevi, crassi, triangolari, conniventi (nel boccio); ovulo pendente da un lato dall'alto della loggia. *Perianzio fruttifero* cupulare di circa 1 cm. di diametro, ricoprente quasi un terzo del frutto. *Frutti* oblungo-ellissoidei, tereti, lunghi 20-22 mm. larghi 1 cm., rotondati in basso, bruscamente ristretti all'apice, dove sono terminati dai resti degli stigmi formanti un piccolo apicolo conico, molto leggermente eccentrico; hanno la superficie (sul secco) bruno-cinnamomea, molto distintamente granulosa. Il pericarpio nell'insieme è spesso circa 2 mm.; sotto l'epicarpio fanno capo le testate di numerosi sclerosomi fusiformi che discendono nello strato esterno del mesocarpio, di cui lo strato interno (sul secco) apparisce grumoso e contenente delle piccole cavità ripiene, di una sostanza bruna indurita, che sul fresco è forse gommosa o mucillagginosa o di natura tannica: l'endocarpio è piuttosto sottile ma duro, legnoso-osseo, non separabile dal mesocarpio. *Seme* terete, attaccato per un piccolo punto nella parte più alta della cavità endocarpica, quasi cilindrico e quasi dritto, ossia con appena un accenno ad essere incurvato, rotondato alle due estremità, lungo 16 mm. e largo 6,5 mm.; ilo piccolo e poco distinto, apicale; diramazioni vascolari radianti dall'ilo, delle quali due parallele, indivise, discendenti sino all'embrione che si trova proprio alla base del seme, le altre assai anastomosate e formanti tutto ingiro un reticolato a maglie allungate; l'albume è omogeneo; l'embrione come è stato detto si trova alla base e quindi discosto dall'ilo per quasi tutta la lunghezza del seme.

Habitat. — A Puebo (Vieillard, n. 1283 e 1286 (non vidi)); foreste al di sopra di Balade a circa 500 m. di altezza.

Balansa, n. 3122.

Campecarpus H. Wendl., in Benth. et Hook. Gen. Pl III 893.

È una palma distintissima sotto molti rapporti, ma specialmente per i suoi frutti assai grossi, con apice conico, curvato, seme oblungo simmetrico e per i robusti rami fioriferi portanti i glomeruli dei fiori in scrobicoli assai profondi e ravvicinati in più serie. Si distingue poi per i suoi fiori ♂ simmetrici, con petali cimbiformi, coriacei, con 6 stami eguali, a filamento inflesso; antere allungate e rudimento d'ovario conico più corto degli stami; per la speciale struttura del pericarpio che è essucco, fortemente fibroso nella parte periferica e con scarsissima parte interna parenchimatosa. Riguardo all'ilo, nei campioni da me esaminati, non si riconosce bene se è breve e presente solo in alto o se si prolunga anche in basso sino in vicinanza dell'embrione rimanendo la parte più esterna dell'integumento del seme aderente alla cavità endocarpica.

Campecarpus fulcita H. Wendl. in Benth; et Hook. Gen. Pl. III 893. — *Cyphophoenix fulcita* H. Wendl, Benth. Et Hook. l. c. — *Kentia fulcita* Brongn. in Compt. Eend. Ac. Sc. Paris, LXXVII (1873) 399.

Caudex 10-15 m. altus, radicibus fulcrantibus, elongatis sustentus. Folia ampia, segmentis amplis, rectis, ensiformibus, acuminatis, marginibus acutis. Spadix duplicato-ramosus; ramis floriferis crassis, prufunde pluriserialiter scrobiculatis. Flores ♂ globoso-ovati, 6-7 mm. longi, 5-6 min. crassi. Fructus lageniformis, superne in rostrum crassum, iutus plaenum, lente curvatus. 22-25 mm. longus, basi 13 mm. crassus extus (siccus) lineolato-striatus. Semen ovato-ellipticum, 14 mm. Longum, 8 mm. crassum, utrinque rotundatum ab integumenti ramis vascularibus conspicuis pallidis, reticulatum.

Icon. Tav. V.

Palma assai grande e di un aspetto singolare. Il suo tronco raggiunge 10-15 m. di altezza (Balansa), è gracile, dritto e sollevato dal suolo da radici fulcranti, lunghe anche oltre un metro, a superficie liscia (Balansa). *Foglie* grandi, una intiera è lunga 1,50 m. compresa la parte picciolare: questa da sola è lunga 12 cm. e larga 3 cm., concava di sopra, rotondata di sotto e con margini acuti; la vagina è mollemente tomentosa; il rachide è minutamente punteggiato-squamuloso, rotondato di sotto nel primo tratto e poi piano e con angolo acuto di sopra; segmenti molto numerosi, equidistanti, fortemente reduplicati alla base, molto rigidi, lanceolato-ensiformi, drittissimi, molto lungamente acuminati, con punta rigida, nitidi di sopra, leggermente più pallidi, opachi di sotto e sparsi quivi di minutissimi lepidi puntiformi, 3-costulato-plicati, oon la costa media assai robusta, prominente di sopra e superficiale di sotto, provvista dalla base sino all'apice di numerose ed assai grandi pagliette brune; nervi secondarî sottili; venule transverse indistinte; margini acuti; segmenti intermedî lunghi 70 cm. e nel punto più largo, verso il terzo inferiore, larghi 5 cm.; i segmenti superiori sono subopposti, gradatamente più corti e più stretti, molto rigidi, terminati in punta brevemente bidentata; i due terminali sono lunghi solo 10-12 cm. *Spadici* duplicato-ramosi lunghi 40-45 cm., con brevissima parte pedicellare, la quale è segnata dalle cicatrici molto ravvicinate lasciate da due spate complete; alla base dei rami primarî più bassi si trova una brattea ± lunga, acuminata. I rami primarî sono 4-5, ognuno dei quali si divide in 2-3 rami secondarî; questi sono fioriferi, robusti, rigidi, curvuli, glabri, lunghi 25-30 cm.: hanno la parte assile, al momento dell'antesi, di 6-7 mm. di diam. alla base, ma che si accresce sino a 10 mm. quando i frutti sono maturi e si assottiglia nella parte superiore; è per di più fittamente scavata lungo 5 serie longitudinali da scrobicoli ben profondi, che hanno il labbro inferiore a nido di rondine molto sporgente, di considerevole spessore, rigido, a contorno intiero, rotondato od acutiusculo. I fiori sono glomerulato-terni con l'intermedio femineo ed i laterali ♂ nella metà o nel terzo inferiore dei ramoscelli, al di là si trovano solo fiori ♂, da prima gemini e poi solitarii. I fiori ♀ hanno nell'alveolo due brattee sepaloidee, coriacee, che formano un conspicuo caliculo e che sono ± bicarenate e piane all'esterno per la pressione contro i fiori ♂. Uno dei fiori ♂ di ogni alveolo ha pure una bratteola assai distinta. *Fiori* ♂ simmetrici, globoso-ovati, ottusamente trigoni, lunghi 6-7 mm., larghi 5-6 mm.: calice acutamente trigono, a sepali liberi, fortemente imbricati, coriacei, rotondati, ciliolati, concavo-cuculiati, molto acutamente carenati sul dorso, lisci di fuori; corolla con l'apice rotondato; petali a mala pena il doppio più lunghi dei sepali (forse i fiori da me esaminati non erano completamente sviluppati), coriacei, molto spessi, concavo-naviculari, subcordato-triangolari, acuti, lisci di fuori, fortemente solcato-striati di dentro a motivo della pressione degli stami: stami 6; antere strette e lunghe, sagittate in basso, attenuate in punta bifida, dorsifisse, versatili; filamento crassamente filiforme, inflesso bruscamente all'apice;

rudimento d'ovario più corto degli stami nel boccio allungato-conico, attenuato in punta. *Fiori* ♀ più grandi dei ♂ ovato-conici, lunghi 9 mm., larghi 7,5 mm.; sepali rotondati, coriacei, lisci di fuori; petali coriacei, latamente imbricati in basso, terminati da una brevissima punta valvata, ottusa; staminodi 3, dentiformi, allungati: ovario obovato-oblungo; stigmi triangolari, conniventi nel boccio, poi, durante l'antesi, allungati, acuminati, recurvi: ovulo appeso in alto da un lato della loggia. *Perianzio fruttifero* alquanto accresciuto, di 13mm di diam., cupulare-campanulato, attenuato in basso, coprente quasi, del frutto. *Frutti* lunghi 22-25 mm, larghi alla base 13 mm., lageniformi, ovati in basso, assottigliati in alto in un grosso rostro leggermente curvo e terminato dagli stigmi persistenti, ricurvo-circinnati. Pericarpio nell'insieme spesso 2-2,5 mm. essucco, quasi intieramente formato da fasci fibrosi allungati, rigidissimi, sclerenchimatici: solo nella parte più interna si trova una scarsa parte parenchimatica senza fibre: è in causa delle accennate fibre periferiche, che il frutto secco presenta una superficie striata. Endocarpio sottile legnoso, fragile, molto leggermente più spesso dal lato della placenta, che altrove: la sua cavità interna è regolare, ovale-ellittica. La parte apicale o rostriforme del frutto è internamente piena. *Seme* ovato-ellittico, lungo 14 mm., spesso 8 mm., rotondato alle due estremità, libero nella cavità endocarpica, esso però lascia aderente all'endocarpio un tenuissimo strato di tessuto facente parte del testa e per tal motivo la loggia stessa mostra le tracce evidentissime, in chiaro su fondo cinnamomeo, delle diramazioni del rafe; l'ilo è più visibile sulla parete della loggia che sul seme, ed apparirebbe lineare, poco più largo in alto che in basso e percorrente una buona parte di un lato del seme partendosi da poco al di sotto dell'apice e continuato sino all'embrione, però potrebbe darsi che l'ilo sia breve, situato in alto e ciò che sembra la sua continuazione in basso non sia che il rafe. Le diramazioni vascolari dell'integumento sono assai numerose e si partono per la maggior parte dall'alto dell'ilo; di esse alcune scavalcano l'apice del seme e formano un assai fitto reticolo sui lati; sulla faccia antirafeale son quasi indivise e parallele. L'embrione è esattamente basilare. Albume omogeneo, durissimo.

Habitat. — Sulle montagne fra Bourail e Kanala a 700 m. di elevazione (*Balansa,* n. 708). Monte Arago ad 800 in. (*Balansa, n.* 1960). Monte Penari a 700 m. (*Balansa, n.* 3591). Messioncoué (*Balansa,* n. 1908[a]). Presso St. Louis (*Perret,* n. 4, in Herb. Martelli). Senza località precisa *Pancher* in Herb. Caen. (5).

Io ho esaminato porzioni di spadici con frutti maturi e fiori ♀ del n. 1960 di Balansa e altre porzioni di spadici con fiori ♂ dell'esemplare di Perret. Delle foglie ne ho studiato una intiera, raccolta a Tate da Sarasin ed a me comunicata dal prof. Schiuz insieme ad una fotografia presa sul posto. Dalla fotografia il tronco apparisce, come era stato di già notato da Balansa, sorretto da alte radici aeree, dritto, gracile, segnato molto marcatamente da cicatrici anulari assai fitte. Gli spadici si reflettono al di sotto della guaina della foglia più bassa. Le foglie hanno una guaina cilindrica molto allungata ed il rachide fortemente arcuato.

L'intiero spadice ha la più grande rassomiglianza con quello della *Rhynchocarpa Vieillardi.*

Campecarpus H. Wendl. in Benth. et Hook. Gen. Pl III 893.

Palma assai grande con tronco sollevato da radici fulcranti. *Foglie* con segmenti equidistanti, diritti, ensiformi, acuminati con margini acuti. *Spadici* duplicato-ramosi con breve parte peduncolare, con rami fioriferi allungati, robusti, portanti in basso fiori terni, col mediano femineo ed i laterali ♂, in scrobicoli assai profondi, pluriseriati e solo fiori ♂ da prima gemini e poi solitari, sul rimanente. *Fiori* ♂ simmetrici; calice a sepali larghi, liberi, fortemente imbricati; petali coriacei, crassi, cimbiformi; stami 6; filamenti lineari, crassi, brevemente inflessi all'apice; antere allungate, bifide all'apice, versatili, inserite alla metà del dorso; rudimento d'ovario più corto degli stami, allungato-conico. *Fiore* ♀ con ovario oblungo-obovato;

ovulo appeso in alto da un lato della loggia; staminodi 3, allungati. *Frutto* ovato in basso, gradatamente ristretto in alto il grosso rostro leggermente curvo, terminato dagli stigmi per ciò alquanto eccentrici; superficie (del frutto secco) lineolata-striata. Mesocarpio formato da un assai spesso strato di varie fibre rigide nella parte esterna eda poca parte parenchimatica internamente; endocarpio sottile, legnoso, non od appena inspessito in corrispondenza della placenta. *Seme* attaccato lungo una buona parte da un lato della cavità endocarpica; ilo molto superficiale, allungato, lineare; diramazioni del rafe in gran parte scavalcanti l'apice del seme in alto e formanti un reticolo assai fitto. Albume omogeneo; embrione basilare. Seme del frutto perfettamente maturo lasciante aderente alla superficie interna della loggia la parte più esterna del suo tegumento e poi libero.

Gen. **Cyphosperma,** H. Wendl. in Benth. et Hook. Gen. Plant. III 895 (excl. *C. Vieillardi*).

Nel «Genera Plantarum» fanno parte del genere *Cyphosperma* le *C. Balansae* Brongn. e *C. Vieillardi* Brongn. A me sembra che debba ritenersi per tipo del genere *Cyphosperma* la prima e propongo per la seconda il nuovo nomegenerico *Rhynchocarpa.*

Palma elata, robusta, foglie grandi con segmenti acuminati (oscuramente dentati sotto l'apice?), 3-costulati, con margini poco inspessiti. Spadici grandi, molto ramosi; rami fioriferi gracili, assai fittamente coperti di glomeruli di fiori col mediano femineo quasi sino all'estremità ed accolti in scrobicoli a nido di rondine. Fiori ♂ regolari; sepali liberi, larghi, imbriciati; petali coriacei, cimbiformi; stami 6; filamenti filiformi inflessi all'apice; antere allungate versatili, inserite alla metà del dorso; rudimento d'ovario molto conspicuo colonnare, capitellato, superante gli stami. Fiori ♀ con ovario obovato, sormontato da 3 grossi stigmi, triangolari, conniventi (nel boccio); ovulo pendente dall'alto di un lato della loggia staminodi 3, piccoli, dentiformi. Frutto globoso, con i resti degli stigmi eccentrici situati poco al di sotto dell'apice, a superficie resa minutamente granulosa da un sottostante strato assai spesso di sclerosomi; parte interna del mesocarpio senza fibre: endocarpio a superficie irregolare, tuberculoso-ondulata, sublegnoso-grumoso, alquanto inspessito in corrispondenza della placenta. Seme irregolare, subgloboso, a superficie ad incavi e bernoccoli; ilo puntiforme, situato alla metà di un lato: embrione basilare; albume omogeneo.

È molto singolare la struttura dell'endocarpio che nel «Genera Plantarum» è dubitativamente ritenuto come il testa del seme, il quale forma invece un guscio che si separa facilmente dal mesocarpio.

Cyphosperma Balansae H. Wendl. in Benth. et Hook. Gen. plant. III 895. — *Cyphokentia Balansae* Ad. Brongn. Compt. Rend. Ac. Sc. Paris, LXXVII (1873) 400.

Palma ut videtur robusta. Folia ampia, segmentis magnis, elongato-lanceolatis, longe acuminatis (infra apicem obscure denticulatis?), tricostulatis, marginibus vix incrassatis. Spadices rami fioriferi graciles, flexuosi, 25-30 cm. longi, fere usque ad apicem flores ternatos in scrobiculis 5-seriatis ferentes. Fiores ♂ parvi, 3 mm. longi, Fructus globosus, 12 mm. diam., stigmatum residuis paullo infra apicem lateralibus, conspicue punctulato-granulatus. Semen valde irregolare, subglobosum superficie valde inaequali.

ICON. Tav. VI.

Palma grande con tronco alto 15-20 *m.* (Balansa). *Foglie* (giudicando dai frammenti) molto grandi. Rachide della parte più bassa della foglia largo oltre 3 cm., di sopra molto latamente scavato a doccia, solcato sui lati per l'inserzione dei segmenti, rotondato sul dorso. Segmenti grandi, allungato-lanceolati; l'unico segmento da me visto è lungo 85 cm. e largo verso la metà 6,5 cm., dritto, molto lungamente acuminato ed a quanto sembra con un accenno di qualche rado e superficiale dente all'apice in continuazione del margine inferiore; è attenuato verso la base e quivi ha i margini reduplicati; è percorso da 3 costole assai robuste ed acute di sopra, da alcuni nervi secondari e da numerosi nervi terziarî molto prominenti, che rendono fortemente striate le due superficî; sono verdi sulle due facce anche sul secco; la pagina inferiore è leggermente più pallida della superiore ed è cosparsa di minutissimi lepidi bruni, glanduliformi, scarsamente visibili ad occhio nudo; la costola mediana è coperta nella pagina inferiore di peluria tomentoso-ramentacea grigia: lungo i margini scorre un nervo terziario e non sono quindi distintamente inspessiti; non si scorgono venule transverse. *Spadici* grandi (3-plicato ramosi?), formanti una grande pannocchia diffusa, composta di ramoscelli gracili e portata da una parte peduncolare di 1 m. di lunghezza (Balansa); spate complete due. Ramoscelli fioriferi gracili, flessuosi, lunghi 25-35 cm., con parte assile glabra, di circa 3 mm. di spessore ± angolosa, a superficie minutamente rugoloso-granulosa sul secco, di grossezza uniforme ed assai fittamente e regolarmente scavata da scrobicoli in 4-5 serie portanti glomeruli di fiori terni (il mediano femineo ed i laterali ♂) quasi sino all'estremità; gli scrobicoli sono a nido di rondine con labbro inferiore perfettamente rotondato; la cavità dello scrobicolo è tomentosa sul contorno superiore. *Fiori* ♂ simmetrici, piccoli, lunghi 3 mm.; calice più largo della corolla (largo 2,5 mm.), acutamente 3-gono; sepali coriacei, gibboso-cucullati in alto, molto acutamente carenati sul dorso, prolungati in basso in un corto sperone, fortemente ciliati sui margini; corolla di $^1/_3$ più lunga del calice, assai più stretta di questo, rotondata in alto, a petali spessi, coriacei, naviculari; stami 6; filamenti molto gracili, filiformi, inflessi all'apice; antere versatili, oblunghe, egualmente rotondate e smarginate alle due estremità, a logge parallele; rudimento d'ovario grosso, colonnare con l'apice capitellato, sorpassante gli stami nel fiore inaperto. *Fiori* ♀ provvisti di due brattee sepaloidee, assai grandi, ineguali, ± fesse, formanti un caliculo cupolare sporgente dagli alveoli dopo caduti i frutti. Al momento dell'antesi dei fiori ♂, i *fiori* feminei sono più piccoli di questi; in essi allora il giovane ovario è obovato, assai attenuato in basso e sormontato da 3 crassi stigmi, 3-angolari, conniventi, che formano un grosso corpo piramidale 3-gono; l'ovulo pende dall'alto di un lato della loggia: gli staminoidi sono 3, piccoli, dentiformi. *Perianzio fruttifero* quasi del tutto spianato, largo 8 mm., a sepali rotondati, ± fessi e petali a base larga terminati da brevissima punta valvata, triangolare ottusa. *Frutti* sferici o molto leggermente più lunghi che larghi, di 12 mm. di diam., con i resti degli stigmi eccentrici situati poco al di sotto dell'apice e più chiari del resto della superficie del frutto, che sul secco è di color rossastro-castagno e molto distintamente punteggiato-granuloso. Il pericarpio nell'insieme è alquanto più spesso dal lato degli stigmi che da quello opposto; sotto l'epidermide si trova tutto in giro uno strato uniforme, spesso $^1/_2$ mm., formato da cellule sclerose: il mesocarpio è scarso e senza fibre, sul fresco sembra debba essere stato carnoso; l'endocarpio è di una natura tutta speciale, sottile, sublegnoso-granuloso, grossolanamente tubercoloso ondulato di fuori, assai sottile in giro, alquanto inspessito in corrispondenza della placenta. Il seme ha una forma irregolarissima, nell'insieme subglobosa; è grossolanamente bernoccoluto o con incavi e rilievi tondeggianti ed è attaccato un poco al di sotto del punto corrispondente ai resti degli stigmi, in conseguenza verso la metà di un lato della cavità endocarpica; l'ilo è piccolissimo, puntiforme, situato verso la metà di un lato e si prolunga in un rafe lineare sino in basso, dove si trova l'embrione; le diramazioni del rafe sono molto sinuose, irradiano principalmente dall'ilo e non sono molto anastomosate; l'embrione è basilare e rimane quindi assai discosto dall'ilo; l'albume è omogeneo e molto duro.

Habitat. — Sul Monte Arago a circa 800 m. sul livello del mare (*Balansa,* n. 1961).

SPECIE ESCLUSA.

Cyphosperma? Tele Becc. in Webbia, III (1910) 137, f. 2. = **Physokentia Tete** Becc. ms.

Ho creduto opportuno di stabilire il nuovo genere *Physokentia* per questa curiosa Palma[1].

Rhynchocarpa Becc. g. n. — *Cyphospermatis* sp. H. Wendl., in Benth. et Hook. Gen. Pl. III 895.

Palma, a quanto sembra, di mezzana grandezza. *Foglie* con segmenti dritti, acuminati, poco distintamente 5-costulati, a margini non inspessiti. Spadici molto ramosi, con rami fioriferi robusti, scrobicolati lungo 5 serie, portanti in basso glomeruli di fiori terni, col mediano femineo ed i laterali maschi e sul rimanente solo fiori ♂ gemini. Ma coi fiori ♀ sviluppatesi molto dopo l'antesi dei fiori ♂. Fiori ♂ simmetrici, sepali fortemente imbricati; petali coriacei, cimbiformi: stami 6; filamenti filiformi, allungati, inflessi all'apice; antere versatili grandi, ellittiche, inserite alla metà del dorso; rudimento d'ovario più corto degli stami, allungato da una base larga, ristretto in punta trifida. Fiori ♀ con ovario oblungo; stigmi brevi, crassi, triangolari, divaricati durante l'antesi; ovulo attaccato, lungo tutto un lato della loggia; staminodi 3, piccoli, dentiformi. Frutto asimmetrico, gibboso ed obliquamente rostrato, subpentagono, a superficie resa fortemente sagrinata da sottostanti sclerosomi ellittici; mesocarpio senza fibre; endocarpio sottile, legnoso, fragile; seme subpentagono, subcordato, crestato-crenato in alto, carenato lungo il lato assile. Ilo lineare percorrente tutta la carena; albume omogeneo, durissimo; embrione basilare.

Rhynchocarpa Vieillardi Becc. — *Cyphosperma Vieillardi*

1() La specie *Physokentin Tete* è di Vanua Lava (Nuove Ebridi) e perciò la sua descrizione non figura in questa memoria. (U. MARTELLI)

H. Wendl., in Benth. et Hook. Gen. Pl. III, 875. — *Kentia Vieillardi* A. Brongn. et Gris in Ann. Sc. Nat. 5.ª Sér. II 161; Vieill. in Bull. Soc. Linn. de Norm. 2.ᵉ. Sér. VI (1870-72), 229; Ad. Brongn. in Compt. Rend. Ac. Sc. Paris, LXXVII (1873), 399.

Foliorum segmenta ampla, elongato-lanceolata, recta, acuminata; intermedia circ. 80 cm. longa, 5,5 cm. lata, 5-costulata, subtus ad costam mediam paleolis fuscis numerosis praedita. Spadicis rami floriferi 15-25 cm. longi, 4-5 cm. crassi, fruttiferi crassiores. Flores in inferiore ramulorum parte glomerulato, 3-ni, laterales ♂ valde praecoces, oblongi, 5-6 mm. longi, 3 mm. crassi. Flores ♀ post marum delapsu evoluti, ovati, 7 mm. longi, 4 mm. crassi. *Fructus* conspicue granulosus, obtuse pentagonus, oblique crasse rostratus, 15-19 mm. longus, 10-11 mm. crassus. Semen valde asymmetricus, 10-11 mm, longus, 9 mm. Latus, subobcordatus, angulosus, superne crenulato-cristatus.

ICON. Tav. VII.

Palma d'aspetto Arecoideo con tronco gracile, fortemente anulato. Foglie con rachide robusto leggermente e fugacemente forfuraceo, poi glabrescente e minutamente puntulato-squamuloso. Segmenti grandi, allungato-lanceolati, gli intermedî lunghi 60-80 cm., larghi 4,5-5,5 cm. nella loro parte mediana ristretti verso una base piuttosto acuta, dove i margini sono fortemente reduplicati e gradatamente attenuati in alto in punta acuminata, molto rigidamente cartacei, poco distintamente 5-costulati, con la costola mediana assai rilevata anche di sopra e le due costole di ogni lato assai sottili di sotto e di sopra, indicate solo da pieghe; i nervi secondarî e terziarî sono pure poco rilevati: la costola mediana porta nella pagina inferiore numerose pagliette ramentacee lineari, brune; ivi gli altri nervi sono nudi e l'intiera superficie è sparsa di minuti puntolini glanduliformi, particolarmente visibili nelle foglie giovani: margini acuti e molto leggermente inspessiti; venule transverse obliterate; verso l'estremità del segmento la costola mediana rimane eccentrica. *Spadici* 3-plicato-ramosi, con due spate primarie. Rami fioriferi rigidi, ottusamente angolosi, piuttosto crassi, lunghi 15-25 cm., dello spessore uniforme di 4-5 min. (di 5-6 allo stato fruttifero) dalla base sino quasi all'apice, molto regolarmente e fittamente scrobicolati lungo 5 serie longitudinali. Gli scrobicoli sono larghi, non molto profondi, hanno il labbro inferiore rotondato, leggermente scavato a nido di rondine. Gli spadici avrebbero l'apparenza di esser dioici, non portano da principio che fiori ♂ gemini, con appena un accenno di rudimento di fiore ♀ framezzo ad essi; più tardi però, caduti tutti i fiori ♂, compariscono i fiori ♀ nella metà o nei due terzi inferiori dei ramoscelli, mentre nella loro parte superiore non si scorgono che inserzioni per i fiori ♂ gemini, senza traccia di fiore ♀ framezzo a loro. *Fiori* ♂ simmetrici, ovato-oblunghi, lunghi 5-6 mm. e larghi 3 mm., a calice trigono con sepali coriacei, suborbicolari, concavo-cuculiati, acutamente carenati sul dorso, ± calcarati in basso, distintamente ciliolati sul margine; corolla il doppio più lunga del calice; petali coriacei, ovati, cimbiformi, un poco attenuati in punta acutiuscula; stami 6, a filamenti sottili, inflessi all'apice, lunghi quanto i petali durante l'antesi; antere relativamente grandi, ellittiche, col dorso curvulo, versatili, inserite alla metà del dorso, a logge brevemente disgiunte in basso, a connettivo e superficie interna delle logge neri; rudimento d'ovario allungato, piuttosto angusto, di poco più corto degli stami nel boccio, ristretto in alto e con l'apice trifido. *Fiori* ♀ ovati, lunghi 7 mm., larghi 4 mm. con la base accolta fra 2 grandi brattee sepaloidee, rotondate, molto sporgenti dall'alveolo; sepali suborbicolari, concavi, rotondati e lisci sul dorso, leggermente inspessiti in punta, minutamente ciliolati; corolla circa il doppio più lunga del calice; petali latamente convoluto-imbricati, bruscamente contratti in brevissima punta ottusa: ovario oblungo: stigmi triangolari, corti e crassi, divaricati durante l'antesi: staminodi 3, piccoli, dentiformi: ovulo attaccato lungo quasi tutto un lato della loggia. *Frutto* lungo 15-19 mm., largo 10-11 mm., irregolare, gibboso, ottusamente pentagono sul secco, attenuato in basso e bruscamente ristretto in alto in breve rostro o becco latamente conico, leggermente obliquo e terminato dai resti degli stigmi; la superficie dei frutti secchi è bruno-rossastra, molto distintamente resa granulosa da sottostanti sclerosomi ellittici, disposti in due strati. Pericarpio nell'insieme spesso 1 mm. o poco più. Il mesocarpio al di sotto dello strato periferico è granuloso-spongioso, senza fibre, assai scarso, apparentemente un poco succolento (sul fresco) e contenente numerose sacche di sostanza tannica: endocarpio aderente al mesocarpio, sottile ma legnoso, fragile, seguente i contorni irregolari del seme; il rostro è pieno e spongioso nell'interno. *Seme* lungo 10-11 mm., largo 9 mm., molto irregolare, pentagonale in sezione transversa, ad angoli acuti od ottusiusculi, di forma generale subobcordata, ristretto assai in basso, con la base ottusa, slargato in alto, a contorno superiore crestiforme e crenulato, concavo in alto dal lato assile e da circa il mezzo in giù percorso (lungo detto lato) da una carena curva ottusa. L'ilo è lineare e segue tutta la carena sino alla base dove si trova l'embrione. Diramazioni del rafe molto marcate, la maggior parte radianti dall'alto, poche dai lati dell'ilo, leggermente ramose ed anastomosate sui lati. Albume durissimo, omogeneo, segnato da strati concentrici. Embrione esattamente basilare.

Habitat. — A. Kanala (*Vieillard,* n. 1285); presso la Conception (*Balansa,* n. 1962 e 1962[a]). Nelle, vicinanze di S. Louis (*Perret* nell'Erbario Martelli). Sul M. Ignambi a 1000 m. (*Sarasin,* n. 233) e nella Foresta di Tate a 200 m. (*Sarasin,* n. 724).

Osservazioni. — Io ho descritto le foglie dietro i campioni del sig. Perret, perché il segmento che nel mio Erbario accompagna il n. 1962[a] di Balansa appartiene alla *Cyphouperma Balansae.*

Varia un poco la forma e grandezza del frutto e del seme.

Cyphokentia Ad. Brongn. in Compt. Bend. Ac. Sc. de Parìs, LXXVII (1873) 399, excl. sp. plur.

Sotto il nome generico di *Cyphokentia,* Ad. Brongniart ha descritto 12 specie di Palme della Nuova Caledonia. Due di queste, la *C. macrostachya* e la *C. robusta,* sono state ritenute da Bentham e Hooker nel «Genera plantarum». come rappresentanti tipiche del genere *Cyphokentia;* una, la *C. Balansae,* è stata considerata da H. Wendland come tipo del genere *Cyphosperma;*altre 6 (C. *Pancheri, C. Deplanchei, C. eriostachya, C. Billardierii, C. surculosa* e, *C. gracilis*) formano pure secondo Wendland il genere *Microkentia,* nome però che deve cedere il posto a quello di *Basselinia* Viellard, come più antico. Delle specie descritte da Brongniart sotto il nome di *Cyphokentia* rimarrebbero ancora le *C. bractealis, Humboldtiana* e *vaginata,* le quali invero agli stessi autori del «Genera plantarum» è parso che poco bene possano essere incluse nel medesimo genere delle *Cyphokentia robusta* e *macrostachya.* Dallo studio, che io ho potuto fare sopra saggi autentici, spesso invero incompleti, di tutte le *Cyphokentia* descritte da Brongniart, meno che della *C. Humboldtiana,* che mi rimane completamente sconosciuta, a me sembra poter considerare come tipo del genere *Cyphokentia,* la *C. macrostachya,* essendo stata questa la prima descritta sotto detto nome generico, mentre ritengo opportuno, creare per la *C. robusta* il nuovo genere *Dolicokentia,* per la *C. bractealis* il genere *Clinosperma* e per la *C. vaginata* il genere *Brongniartikentia.*

Il genere *Cyphokentia* come da me ridotto, è caratterizzato nel modo seguente:

Palma assai grande. Foglie Spadice molto ramoso; rami fioriferi gracili, molto allungati, con fiori in glomeruli terni, col mediano ♀ ed i laterali ♂, inseriti lungo 3 serie sopra scrobicoli superficiali quasi sino all'estremità; Fiori ♂ simmetrici, globosi; calice piccolo, di 3 sepali liberi, leggermente imbricati; petali sottili, cartilaginei; stami 12, filamenti filiformi, inflessi all'apice; antere versatili, oblunghe; rudimento d'ovario sottile con l'apice discoideo sorpassante gli stami. Frutti regolarmente ovoidei a superficie quasi unita con i resti degli stigmi tubercoliformi situati verso il terzo inferiore; mesocarpio senza sclerosomi e senza fibre; endocarpio legnoso, di spessore uniforme tutto in giro, provvisto in corrispondenza dell'embrione di un opercolo orbicolare distaccabile. Seme regolare, globoso-ovoideo, con ilo molto ristretto, superficiale, orbicolare, non connesso all'endocarpio da podosperma distinto; diramazioni del rafe poche, radianti dall'ilo: embrione situato poco al di sopra della base e poco al di sotto dell'ilo; albume omogeneo, pieno, a strati concentrici.

Cyphokentia macrostachya Ad. Brongn. in Compt. Rend. Ac. Sc, Paris, LXXVII (1873) 399. — *Kentia macrostachya* Pancher ex Brongn. l. c. — *Glinostigma macroslachya* Becc. Malesia I 40.

Caudex cir. 10 m. longus. Folia.... Spadix iteratim ramosus, ramis primariis prope basim in nonnullis ramulis floriferis gracilibus, circ. 60 cm. longis, superne sensim attenuatis, 3,5-4 mm. basi crassis, divisis. Flores fere usque ad ramulorum apices 3-seriatim in scrobiculis superficialibus glomerulato-terni. Flores ♂ regulares, sphaerici, 3 mm. diam. Fructus globoso-ellipticus; utrinque aequaliter rotundatus, 10-11 mm. longus, 8 mm. crassus. Semen late ovato-ellipticum, utrinque rotundatum, 6 mm. longum. Perianthium fructiferum 5 mm. diam.

ICON. Tav. VIII, II.

Palma assai grande (tronco alto 10 m. Balansa). *Foglie....* Dello spadice ho visto solo un ramo fruttifero e dei fiori ♂ staccati. Lo *spadice* sembra almeno duplicato-ramoso; il ramo presente è lungo circa 65 cm. ed è diviso in 4 rami fioriferi di poco più corti, flessuosi, tereti, di 3,5-4 mm. di spessore alla base, gradatamente assottigliati verso l'estremità, glabri, a superficie grinzosa, portanti glomeruli di fiori terni col mediano femineo assai regolarmente a spirale lungo 3 serie, quasi sino all'estremo apice, dove si trovano solo fiori ♂. I glomeruli riposano sopra scrobicoli superficiali, i quali, quando portano i frutti, sono orbicolari, di 3 mm, di diam., con il labbro inferiore rotondato, acuto, leggermente sporgente e le due brattee del fiore ♀ basse, semianulari e che nell'insieme formano una scodella troncata poco profonda. *Fiori* ♂ regolari, sferici, di 3 mm. di diam.; calice nell'insieme poco profondo, di 3 sepali liberi, quasi più larghi che alti, concavi, leggermente imbricati, carenati sul dorso, saccato-calcarati in basso, a contorno rotondato, assai distintamente ciliolato; corolla 3-4 volte più lunga del calice, a petali cimbiformi, molto latamente ovati, piuttosto sottili, cartilaginei, molto ottusamente costulato-venosi all'esterno. Stami 12; filamenti lineari, distintamente inflessi all'apice; antere oblunghe, versatili, a logge profondamente smarginate all'apice, parallele, deiscenti internamente; rudimento d'ovario lungo quanto gli stami in boccio, sottile, con l'apice dilatato, disciforme, mostrantesi tramezzo le antere. Dal *perianzio fruttifero* di 5 mm. di diam. si giudica che i fiori ♀ debbono essere grandi presso a poco quanto i ♂: a sepali orbicolari, incrassato-gibbosi in basso e petali poco più lunghi dei sepali, larghi, terminati da brevissima punta triangolare, ottusa; staminodi 3, dentiformi, corti, troncati. *Frutti* globoso-ellittici, egualmente rotondati alle due estremità, lunghi 10-11 mm., larghi 8 mm., a superficie nera, opaca, un poco ineguale, oscuramente granulosa, ma senza che traspariscano sclerosomi ben distinti; i resti degli stigmi sono tuberculiformi e situati verso il terzo inferiore. Pericarpio nell'insieme di $^{3}/_{4}$ di mm. di spessore; mesocarpio grumoso, senza fibre e senza alcun tessuto sclerenchimatico bene specializzato; endocarpio legnoso, fragile, relativamente assai spesso, raggiungente poco meno della metà dell'intiero spessore del pericarpio, uniforme tutto in giro, nitido internamente, con opercolo orbicolare in corrispondenza dell'embrione. *Seme* latamente ovato-ellittico, egualmente rotondato alle due estremità, rimanente libero nella cavità endocarpica, lungo circa 6 mm., attaccato presso la base in corrispondenza dei resti degli stigmi; ilo orbicolare superficiale; albume omogeneo, pieno, a strati concentrici; embrione quasi basilare, situato a pochissima distanza al disotto dell'ilo; diramazioni del rafe poche e poco anastomosate con larghe maglie quasi tutte ascendenti e radianti dall'ilo.

Habitat. — Foreste, situate sul versante meridionale del Monte Arago, a circa 800 m. sul livello del mare (*Balansa,* n. 1970) con la nota: Tronc de 10 m. de hauteur. Spadice à rameaux pliés-contournós avant leur sortie de la spathe. Rameaux florifères pendants, grèles.

SPECIES INPERFECTE NOTA, AN HUJUS GENERIS?

Cyphokentia Humboldtiana Brongn. in Comptes Rendus Ac. Sc. Paris, LXXVII (1873), 400. *Balansa,* n. 1971 (non vidi). — *C. Humboldtiana* A. Brongn. Foliorum segmenta linearia. Spadicis rami crassi incurvi. Fructus sphaericus, stigmatum residuis infra apicalibus, pericarpio laevi crustaceo non fibroso, endocarpio crustaceo. (Deter ex Brongn.).

Non ho visto campioni di questa Palma e non posso quindi nemmeno indicare se realmente può rientrare nel genere *Cyphokentia,* quale viene presentemente definito. Di essa Brongniart (l. c.) scrive soltanto che le foglie hanno il rachide canaliculato di sopra, i segmenti subopposti, lineari, sparsamente forforacei di sotto presso la base. Spadice con rami incurvi, crassi. Frutto sferico con i resti degli stigmi situati lateralmente presso l'apice, con pericarpio liscio, crostaceo non fibroso ed endocarpio crostaceo. Forse è da riportarsi al genere *Basselinia.*

Habitat. — Nova Caledonia sul Monte Humboldt a circa 800 m. di altezza. Balansa, n. 3593.

SPECIE ESCLUSE DAL GENERE CYPHOKENTIA.

Cyphokentia Savoryant Rehder et Wilson in Sargent, Joun Arnold. Arb. I, n. 2 (1910) 115 = *Bentnickiopsis Savoryana* Becc. ms.

Cyphokentia? carolinensis Becc, in Engl. Bot. Jahrb. LII (1914) 10 = *Bentnickiopsis carolinensis* Becc ms.:

Per queste due Palme, alle quali va aggiunta quella brevemente descritta, ho creduto stabilire un genere nuovo, per il quale propongo il nome di *Bentnickiopsis,* a motivo della sua grande rassomiglianza con le malesi *Bentnickia.*

Bentnickiopsis ponapensis Becc. — Elata, foliorum segmeuta linearis ensiformia, longissime acuminata et apice profundissimi bifida, 3-costulata, subtus minute puntulata; intermedia circ. 80 cm. longa et 3 cm. late. Flores ♂ ovato-subtrigoni, 3,5-4,5 mm. longi, sepali in margine hyalinis, erosis. Fructus late obovato-oblongus, compressus 18-20 mm. longus, 14-15 mm. latus, 10 mm. crassus, in sicco ad latera costulis nonnullis conspicuis arcuatis notatus; stigmatum residuis prominulis, circiter ad medium sitis. Semen oblongum subreniforme, compressisculum. 13 mm. longum. 10 mm. latum, 8 mm. crassum.

In Insula Ponape, Carolinarum (Ledermann, n. 13201 et n. 13623, in Herb. Berol.).

Il genere *Bentinckiopsis* è caratterizzato nel modo seguente:

Palmae elatae, foliis pinnatis, segmentis acuminatis. Flores in scrobiculis semilunatis leviter excavatis positi, bracteolati. Flores ♂ symmetrici. Stamina 6, filamentis apice inflexis, ovarii rudimento conico, tridentato, in alabastro staminibus breviori. Ovulum infra apicem loculi pendulum. Fructus parvus, oblongus; stigmatum residuis infra apicem vel prope medium lateris sitis. Mesocarpium sclerosomatum strato periferiali praeditum, interne parce fibrosum. Endocarpium tenue, lignoso-osseum, operculo scistili, embrioni opposito, praeditum. Semen ovoideum, infra loculi apicem vel prope medium, absque spermatophoro, insertum. ± ascendens, hilo orbiculari; rapheis. ramis numerosis, nonnullis centralibus ascendentibus, verticem superantibus et fere indivisis, lateralibus arcuatis. Albumen aequabile. Embryo basilaris.

Dolicokentia Becc. gen. n.— *Cyphokentiae* sp. Ad. Brongn. in Compt. Rend. Ac. Sc. Paris, LXXII (1873) 400.

Caratteri generici: Palma assai robusta. Foglie.... Spadici molto ramosi: ramoscelli fioriferi crassiusculi, allungati, portanti molto regolarmente disposti lungo 5 serie longitudinali, glomeruli di fiori terni, coi laterali ♂ ed il mediano femineo soltanto nella metà o nel terzo inferiore di detti ramoscelli e nel resto solo fiori maschi gemini. Fiori, ♂ (con 6 stami, Brongn.). Fiori ♀ piccoli, ovulo pendente dall'alto di un lato della loggia. Staminodi 3, corti. Frutto oblungo, curvulo-reniforme, terete, con i resti degli stigmi ascendenti situati verso il terzo inferiore. Pericarpio nell'insieme di 1 mm. di spessore; mesocarpio privo di sclerosomi e di fibre; endocarpio legnoso, fragile, di spessore uniforme tutto in giro, provvisto di opercolo distaccabile in corrispondenza dell'embrione. Seme oblungo, leggermente incurvato, inserito da un lato esattamente alla base della cavità endocarpica per mezzo di un ben distinto spermoforo: ilo orbicolare, concavo; albume omogeneo, pieno, durissimo; embrione basilare in gran prossimità dell'ilo. Perianzio fruttifero molto piccolo, non coprente nemmeno tutta la base del frutto. Diramazioni del rafe poco numerose (5 per parte), ascendenti, partenti tutti dall'ilo e poco anastomosate.

Dolicokentia robusta Becc. — *Cyphokentia robusta* Ad. Brongn. in Compt. Rend. Ac. Sc. Paris, v. LXXVII (1873) 400. — *Clinostigma robusta* Becc. Malesia, I 40.

Caudex circ. 10 m. altus. Folia.... Spadix patens, ramis primariis crassissimis, divergentibus, ramulis floriferis minutissimis, puberulo-papillosis, crassiusculis, curvulo-flexuosis. teretibus, circiter 30 cm. longis, basi 5 mm. crassis, superne leviter attenuatis, 5-serialiter, haud profunde scrobiculatis. Flores in dimidia vel tertia inferiore ramulorum parte glomerulato-terni, superne gemini et masculi tantum. Flores ♂.... Fructus curvulus, oblongo-reniformis, siccus, verruculosus, 18-19 mm. longus, 9 mm. crassus. Semen reniforme-oblongum, 13 mm. longum, 6,5 mm. crassum. Perianthium fructiferum parvum, 5 mm. diam.

Icon. Tav. VIII, I.

Tronco alto circa 10 m. (Balansa). *Foglie.... Spadici* duplicato (o triplicato?) ramosi; ramoscelli fioriferi molto finamente puberulo-papillosi sotto la lente, crassiusculi, curvulo-flessuosi, tereti,± corrugati (sul secco), lunghi circa 30 cm. e di 5 mm. di spessore alla base, molto leggermente e gradatamente assottigliati in alto, portanti glomeruli di fiori terni col mediano ♀ ed i laterali ♂ soltanto nella metà o nel terzo inferiore; in questo tratto i glomeruli sono accolti in scrobicoli orbicolari non molto profondi, assai ravvicinati e disposti regolarmente lungo 5 serie longitudinali; negli scrobicoli le 2 brattee del fiore ♀ formano una piccola coppa di 2 mm. di diam. a margine troncato, che livella col piccolo labbro rotondato dello scrobicolo: nella metà o nei due terzi superiori gli scrobicoli sono più ravvicinati, meno profondi, portano solo fiori ♂ gemini e naturalmente in essi manca la piccola coppa formata dalle brattee del fiore ♀. *Fiori* ♂.... *Fiori* ♀ a giudicare dal pericarpio fruttifero piccoli. Il perianzio fruttifero ha solo 5 mm. di diam. ed è assai più piccolo della base del frutto, ha i sepali più larghi che alti, concavo-saccati, assai spessi, a contorno rotondato, ± fesso, lisci e convessi sul dorso: petali di poco più lunghi dei sepali, larghi, a contorno ± fesso, con appena un accenno di punta ottusa nel mezzo; staminodi 3, corti, troncati o con l'apice ottuso. *Frutti* allungati curvulo-reniformi o dolicoidei, a sezione trasversa circolare, rotondati nell'apice e sembra anche in basso, quando la base è coperta dal perianzio, ma sotto questo appariscono provvisti di un piccolo caudicolo; sono lunghi 18-19 mm. e larghi 9 mm., sul secco; hanno la superficie nera, opaca ed irregolarmente rugoso-verrucolosa, portano i resti degli stigmi volti in su e situati circa 6 mm. al di sopra della base; detti resti sono piccoli, trigoni, conniventi, chiari. Il pericarpio nell'insieme ha 1 mm. di spessore: il mesocarpio è-grumoso, senza strato regolare di sclerosomi e senza fibre; l'endocarpio è duro, legnoso-fragile, di circa $^{1}/_{3}$ di mm. tutto in giro, con opercolo distaccabile, rotondo in corrispondenza dell'embrione; la cavità endocarpica è nitida e di color plumbeo internamente. Il *seme* è pure reniforme-allungato, lungo 13 mm, largo 6,5 mm., attaccato da un lato presso la base della cavità endocarpica per mezzo di un tozzo funicolo sporgente o spermoforo, che produce un ilo assai limitato, concave circolare: l'embrione è basilare e situato presso l'ilo: l'albume è pieno, omogeneo, durissimo, scuro nella parte periferica (sempre?); le diramazioni vascolari del rafe si partono tutte dall'ilo: sono circa 5 per parte ed una centrale, che scavalca l'apice del seme, mentre quelle laterali si inarcano sui lati anastomosandosi ben poco sul dorso.

Ha certamente molta affinità con la *Cyphokentia macrostachya*, ma da Brongniart i fiori ♂ vengono descritti con 6 stami; di più il seme è portato da un funicolo o podosperma molto distinto, che produce un ilo circolare in incavo. Nell'insieme apparisce una palma di aspetto assai differente dalle altre, che Brongniart aveva incluso nel genere *Cyphokentia.*

Habitat. — Foreste situate a S. E. dell'altipiano di Unio a circa 300 m. di altezza (Balansa, n. 1971). Ho visto un solo ramo dello spadice con frutti maturi.

Brongniartikentia Becc. — *Cyphokentiae* sp. A. Brongn. in Compt. Rend. Ac. Sc, Paris, LXXVII (1873) 399.

Caratteri generici: Palma umile con tronco arundinaceo. Foglie con segmenti lanceolati, acuminati. Spadici con rami fioriferi gracili, allungati, segnati da piccoli scrobicoli disposti regolarmente lungo 5-serie e portanti glomeruli di fiori terni, i laterali ♂ ed il mediano ♀, per tutta la lunghezza loro. I 3 fiori sono disposti sopra una medesima linea orizzontale, col ♀ di poco più grosso dei maschi. Fiori ♂ simmetrici, globosi, a sepali liberi, imbricati e petali sottilmente coriacei; stami 6; filamenti brevi, crassi, troncati e non inflessi all'apice; antere didime, a logge completamente disgiunte ed attaccate all'apice del filamento; rudimento d'ovario corto e grosso, terminato da un disco piano che pareggia con gli stami. Fiori ♀ poco più grossi dei ♂; ovulo pendulo dall'alto di un lato della loggia. Frutto regolare, ovoideo-ellittico, con i resti degli stigmi vicinissimi alla base; pericarpio nell'insieme di 1 mm. di spessore; mesocarpio senza sclerosomi e senza fibre; endocarpio sottile, legnoso, di eguale spessore tutto in giro, provvisto di opercolo separabile in corrispondenza dell'embrione. Seme ellittico, regolare, ascendente esattamente dalla base, senza spermoforo; ilo piccolo, orbicolare; diramazioni del rafe 10-12, ascendenti dall'ilo; albume omogeneo; embrione basilare in grande prossimità dell'ilo.

Brongniartikentia vaginata Becc. — *Cyphokentia vaginata* Ad. Brongn. in Compt. Rend. Ac. Sc. Paris, LXXVII (1873) 402. —

Clinostigma vaginata Becc. Malesia, III 41.

Humilis, caudice arundinaceo. Folia longe vaginantia, petiolo et rachide cylindrico, segmentis suboppositis, lanceolatis, acuminatis. Spadix erectus, elongatus, spathis duabus coriaceis. persistentibus, basi vaginatus. Spadicis ramulis fructiferis gracilibus, 45-50 cm. longis, basi 3,5-4 mm. crassis. Flores fere usque ad romulorum apices quinqueseria-tim, glomerulato-terni. Flores ♂ minuti, globoso-trigoni, 1,5 mm. crassi. Fructus ovato-ellipticus, olivaeformis, 19 mm. longus, 8 mm. crassus. Semen ovato-ellipticum, utrinque rotundatum, 1 cm. longum, 5 mm. crassum. Perianthium fructiferum fere explanatum, circ. 6 mm. diam.

Icon. Tav. IX.

Palma gracile con tronco arundinaceo. *Foglie* con guaina allungata; segmenti lanceolati, acuminati. *Spadici* vaginati da 2 spate persistenti. I ramoscelli fioriferi sono molto allungati, lunghi 45-50 cm.; sul secco sono fortemente corrugato-angolosi, spessi 3,5-4 mm.; hanno la superficie finemente ma molto distintamente granuloso-sagrinata, segnata in modo eguale dalla base sino alla cima da piccoli scrobicoli disposti molto regolarmente ma non molto fittamente lungo 5 serie; gli scrobicoli hanno un piccolo labbro inferiore a nido di rondine, rotondato, a contorno minutamente crenulato. I glomeruli dei fiori sembrano 3-ni, coi laterali ♂ ed il mediano ♀, dalla base sino alla cima dei ramoscelli; i 3 fiori sono molto piccoli e disposti sopra di una medesima linea orizzontale. *Fiori* ♂ regolari piccolissimi, subgloboso-trigoni, larghi 1,5 mm.; a calice 3-gono con sepali liberi, imbricati, orbicolari, concavo-cucullati, acutamente carenati, saccato-subcalcarati in basso; corolla globoso-depressa, rotondata in alto, a petali deltoidei, sottilmente coriacei. Stami 6, formanti un globo nel boccio; filamenti corti, relativamente crassi, a base triangolare, nel resto lineari, troncati all'apice; antere didime, pendenti dall'apice del filamento, a logge ovate, deiscenti sui lati; rudimento d'ovario corto e grosso, lungo quanto gli stami, con l'apice dilatato, piano, discoideo, comparente tramezzo agli stami. *Fiori* ♀ poco più grossi dei ♂, di già assai sviluppati quando questi sono prossimi ad aprirsi; staminodi 3, assai grandi, membranaceo-laminari, lobulati. *Perianzio fruttifero* quasi del tutto spianato sotto il frutto di cui a mala pena copre la base di circa 6 mm. di diam.; sepali orbicolari, lisci, coriacei, a dorso rotondato; petali pure orbicolari ed assai spessi, con appena un accenno di punta valvata, ottusa, poco più lunghi dei sepali. *Frutti* ovato-ellittici, della forma e grandezza di una piccola oliva, ristretti un poco in punta ottusa, con i resti degli stigmi basilari situati in vicinanza del perianzio, lunghi 19 mm., larghi 8 mm., sul secco hanno la superficie nera, rugosa, ma senza sclerosomi apparenti. Pericarpio nell'insieme di circa 1 mm. di spessore; mesocarpio grumoso senza fibre e senza sclerosomi; endocarpio sottile, legnoso, di eguale spessore tutto in giro, provvisto di opercolo separabile in corrispondenza dell'embrione. *Seme* ovale-ellittico, quasi egualmente rotondato alle due estremità, lungo 1 cm., largo 5 mm.; ilo orbicolare, superficiale, quasi basilare, situato di contro ai resti degli stigmi, senza podosperma distinto; embrione perfettamente basilare, vicinissimo all'ilo: diramazioni del rafe ascendenti dall'ilo in numero di 10-12, da principio quasi indivise, le mediane scavalcanti l'apice, le altre ricurvate sui lati e ± anastomosate; albume omogeneo con una angustissima cavità centrale (nel seme esaminato che non è perfettamente maturo).

Habitat. —Sulle Montagne presso Ounia (*Balansa, n.* 3056). Herb. Paris; non vidi. (*E. Pancher,* n. 640, nell'Erbario di Caen, esemplare descritto).

Ho visto solo dei ramoscelli fioriferi ed un frutto del n. 640 di Pancher.

Brongniart (l. c.) descrive questa Palma con un tronco umile arundinaceo, con foglie provviste di lunga guaina: segmenti lanceolati, acuminati. Spadice eretto, allungato, vaginato nella parte basilare da due spate persistenti, distanti, la più bassa compresso-bialata in alto con l'apice fesso, la superiore allungata con l'apicebifido.

Mi sembra giustificata la creazione per questa Palmadi un

genere distinto da *Cyphokentia* (di cui il tipo è la *C. macrostachya*) principalmente per i fiori ♂ con soli 6 stami (non 12) ad antere didime, pendenti dall'apice di un grosso filamento non inflesso all'apice e per il rudimento d'ovario grosso e corto.

Il genere *Brongniartikentia* sembra affine anche alla *Basselinia,* dalle quali differisce per i frutti con i resti degli stigmi basilari, per l'ilo ristretto ed orbicolare.

Gen. **Clinosperma** Becc. gen. nov. — *Cyphokentiae* sp. A. Brongn. in Comptes Rend. Ac. Sc. Paris, LXXVII (1873) 406.

Palma di grandezza mediocre: Foglie.... Spadici molto ramosi; rami fioriferi crassiusculi, fragili sul secco, piuttosto brevi, portanti nella metà inferiore glomeruli di fiori terni (il mediano ♀ ed i laterali ♂) inseriti sopra scrobicoli superficiali lungo 3 serie e solo fiori ♂ gemini nell'altra metà. Fiori ♂ piccoli, globosi; sepali liberi, imbricati in basso; stami 6; filamenti lineari non inflessi e troncati all'apice: antere didime, pendenti dall'apice del filamento; rudimento ovario breve, colonnare, terminato da un disco livellante con gli stami. Fiori ♀ considerevolmente più grossi dei ♂, ovato-conici; ovario oblungo con stigmi crassi, trigoni, conniventi nel boccio; ovulo pendulo dall'alto di un lato della loggia; staminoidi 3, piccoli. Frutto sferico, a superficie liscia anche allo stato secco, con i resti degli stigmi circinnati. situati alla metà di un lato; mesocarpio con uno strato assai spesso di tessuto sclerenchimatico al di sotto dell'epicarpio parenchimatoso e senza fibre internamente: endocarpio sottile legnoso, fragile, fortemente inspessito in corrispondenza della placenta. Ovulo sviluppato obliquamente ed inserito su di un lato nella cavità endocarpica, globoloso; ilo oblungo, laterale; diramazioni del rafe in numero di 11-12 fra tutte, alcune scavalcanti l'apice del seme, le più partentisi quasi orizzontalmente dai lati dell'ilo, pochissimo ramose: albume omogeneo, pieno; embrione basilare.

Clinosperma bractealis Becc. — *Cyphokentia bractealis* Ad. Brongn. in Compt. Rend. Ac. Sc. Paris, LXXVII (1873), 400. — *Clinostigma bractealis* Becc. Malesia, I 40.

Mediocris. Folia.... Spadix valde ramosus, ramulis floriferis 12-15 cm. longis, basi 3 mm. crassis, superne attenuatis, fragilibus, superficialiter 3-serialiter scrobiculatis. Flores in ramulorum dimidia inferiori parte glomerulato-3-ni, intermedio ♀, superne gemini et masculi. Flores ♂ minuti, subglobosi 1,5 mm. diam. Fructus globosus, 12 mm. diam., stigmatum residuis lateralibus circiter ad medium sitis, superficie (in sicco) minute inaequali haud granulosa. Semen asymmetrice globosum, 7 mm. latum et paullo minus altum.

Icon. Tav. X.

Sembra una palma di mediocre grandezza con tronco alto 6 m. (Balansa). *Foglie....* Dai frammenti lo spadice si giudica molto ramoso (triplicato-ramoso?). I rami secondari sono suddivisi in varii ramoscelli fioriferi (6 in un esemplare) alterni, provvisti ognuno in basso di una brattea assai grande, a base triangolare e molto acuminata; i rami fioriferi sono glabrerrimi, sul fresco sembra debbano essere stati alquanto carnosi e forse tereti, sul secco sono corrugato-angolosi; spessi in basso circa 3 mm., assottigliati un poco verso l'estremità, lunghi 12-15cm., bruno giallastri e molto fragili sul secco; essi portano glomeruli di fiori terni col mediano femineo ed i laterali ♂ nella metà inferiore (circa) e solo fiori ♂ gemini nel rimanente; i glomeruli di fiori terni riposano sopra scrobicoli superficiali disposti lungo 3 serie assai meno ravvicinati di quelli dei soli fiori gemini ♂ ed assai più grandi di questi. Gli scrobicoli sui quali riposano i fiori ♀ hanno un labbro a nido di rondine con appena un accenno di punta nel mezzo e la cicatrice del fiore ♀ orbicolare molto distinta; le due brattee del fiore ♀ sono semianulari e rimangono più corte del labbro. Gli scrobicoli dei fiori ♂ sono più piccoli e più ravvicinati di quelli portanti i fiori ♀; mostrano le cicatrici dove i fiori erano attaccati ed una assai distinta bratteola. I *fiori* ♂ sono regolari, molto piccoli, di circa

1,5 mm. di diam. col calice più o meno 3-gono e la corolla globosa, leggermente depressa ma apicolata nel centro: i sepali sono orbicolari, liberi, imbricati, concavo-cuculiati, acutamente carenati sul dorso, spesso ± calcarati in basso, a contorno rotondato, con l'estremo margine jalino e molto distintamente ciliato; petali molto largamente ovato-cimbiformi, acutiusculi, sottilmente coriacei, costulato-nervosi di fuori: stami 6 eguali, con filamenti lineari relativamente robusti, incurvi, non inflessi all'apice; antere subglobose, didime, quasi più larghe che lunghe, a logge crasse, quasi completamente disgiunte, deiscenti sui lati, inserite poco al di sotto dell'apice; rudimento d'ovario assai grosso, brevemente colonnare, con l'apice stigmiforme dilato-discoideo e che comparisce framezzo le antere nel boccio. *Fiori* ♀ latamente conici, considerevolmente più grandi dei ♂, lunghi 3 mm. ed egualmente larghi alla base, sono quasi completamente sviluppati quando i ♂ sono prossimi ad aprirsi; sepali assai spessi, latamente imbricati, molto larghi, concavo-subcucullati od un poco inspessiti e gibbosi in alto; corolla circa il doppio più lunga del calice, ad apice conico ed acuto nel boccio; petali molto larghi, terminati bruscamente in breve punta deltoidea, acutiuscula; ovario oblungo: stigmi 3-goni crassi, triangolari, conniventi nel boccio. Staminodi 3, piccoli, dentiformi; ovulo pendente dall'alto di un lato della loggia. *Frutti* globosi di 12 mm. di diam., con i resti degli stigmi situati presso a poco alla metà di un lato, circinnati e sorretti da una breve prominenza conica: la superficie del frutto, sul secco, è molto scura, minutamente ineguale ma non sagrinata o granulosa: il pericarpio nell'insieme è spesso circa 2 mm.: il mesocarpio ha, subito sotto l'epicarpio, uno strato di tessuto sclerenchimatico sublegnoso di circa $^{2}/_{3}$ di mm. di spessore e nella parte interna è senza fibre, è molto contratto sul secco e probabilmente succulento sul fresco: l'endocarpio internamente è nitido e cinnamomeo, sottile, legnoso e fragile tutto in giro, meno che in corrispondenza dell'attacco dei semi alla placenta dove è fortemente inspessito: seme inserito obliquamente sopra un lato della cavità endocarpica. globoso ma leggermente più evoluto per traverso che in altezza, misurante 7 mm. nel senso maggiore: ilo laterale, oblungo: (visto solo un seme è non ben maturo); albume omogeneo, pieno; embrione basilare, situato poco al di sotto dell'ilo: diramazioni del rafe 11-12 fra tutto, alcune scavalcanti l'apice del seme, altre partentisi quasi orizzontalmente dai lati dell'ilo, semplici sulle facce laterali ed anastomosate sul lato antirafeale.

Habitat. — Sul Monte Arago a circa 800 m. di altezza (*Balansa.* n. 1968). A Kanala: *Vieillard.* n. 1284, Erbario di Caen.

Osservazioni. — Ho visto solo delle porzioni di spadice in fiore e due frutti del n. 1968 di Balansa, ed altri ramoscelli fioriferi del n. 1284 di Vieillard.

Sembra una palma assai distinta dalle altre, che erano state riferite al genere *Cyphokentia.* Si avvicina molto alla *Lepidorrhachis* per la struttura del frutto, ma il fiore ♂ è assai differente per gli stami ad antere non versatili ma didime, quasi come nella *Brongniartikentia vaginata* dalla quale però differisce per l'abito, per le particolarità del frutto e del seme. Il frutto della *Clinosperma* ha la superficie liscia, mentre è granulosa nella *Lepidorrhachis.*

Basselinia Vieillard, in Bull. Soc. Linn. Norman. ser. 2^a v. VI 1870-72 (1873) 230, 232; Becc, in Webbia, III (1910) 143.

Microkentia Wendl. in Benth. et Hook. Gen. Plant. III 893 (1883). — *Cyphokentiae* sp. Brongn. in Compt. Rend. Ac. Sc. Paris; LXXVII. 5. — *Kentia* sp. Brongn. et Gris, Fragm. Fl. Nouv. Caled. in Bull. Soc. Bot. de France XI (1864) 9l.

Senza alcun dubbio il nome di *Basselinia* deve avere la precedenza su quello di *Microkentia,* essendo stato da Vieillard proposto 10 anni prima di quest'ultimo.

Vieillard riporta al genere *Basselinia* le seguenti specie descritte da Brongniart e Gris sotto il nome generico di *Kentia: Kentia gracilis, K. Deplanchei, K. Pancherii,* e vi aggiunge le specie nuove: *Basselinia Kanalensis* e *B. Lenormandi.* ma queste due ultime in mancanza di descrizione e di esemplari autentici non ho potuto identificarle e rimangono quindi nomi nudi.

Il tipo del genere *Basselinia* può considerarsi la Basselinia (*Kentia*) *gracilis*.

Al genere *Microkentia* Wendl. in Benth.. et Hook. (l. c.) vengono riferite le. seguenti specie, che da Brongniart erano state incluse nel gen. *Cyphokentia;* esse sono: *M. Pancherii, M. Deplanchei, M. eriostachyx, M. Billardierii. M. surculosa* e *M. gracilis.* Meno che della *M. Billardierii,* di tutte le altre ho visto esemplari autentici, ed ho potuto constatare che senza alcun dubbio esse debbono rientrare nel genere *Basselinia.* Forse anche è una specie di *Basselinia* la *Cyphokentia Humboldtiana* Brongn.

Le *Basselinia* formano un piccolo gruppo assai naturale di Palme, fino ad ora conosciute solo della Nuova Caledonia.

Sono piante spesso gracili, ma talora raggiungenti anche ragguardevoli dimensioni, con tronco anulato-cicatricoso: hanno foglie con guaina tubulare, allungata e spadici infrafrondali. Le foglie delle piante adulte sono sempre pennate, con segmenti unicostulati, ma spesso con nervi secondarî assai robusti da sembrare pluricostulati, attaccati al rachide per una assai larga base, acuminati ed indivisi all'apice, senza venule transverse e con margini ± inspessiti.

In talune specie (*B. gracilis* e *B. heterophylla*) le foglie più basse o di piante giovani sono indivise o con pochissimi segmenti. Gli spadici sono duplicato o 3-plicato-ramosi, con rami fioriferi per lo più assai lunghi e spesso densamente forforacei o rivestiti da peluria, portanti i fiori in scrobicoli ravvicinati, disposti lungo 3-6 serie longitudinali. Spate complete 2, l'esterna bicarinata.

I fiori sono per lo più terni col mediano ♀ dalla base sino all'apice dei rami fioriferi, o terni in basso e solo ♂ e gemini nella parte terminale. Fiori ♂ molto piccoli, ± globosi, regolari con 3 sepali larghi, liberi, scariosi, imbricati: petali larghi, valvati, sottilmente coriacei; stami 6, eguali, a filamenti filiformi con l'apice subulato, inflesso: antere oblunghe od ovate, dorsifisse, versatili od a logge pendenti dall'apice del filamento; rudimento d'ovario grosso, colonnare, indiviso, lungo quanto gli stami nel boccio. Fiori ♀ pure piccoli, poco più grandi dei ♂, globoso-ovati, ovati od ovato-conici, a sepali larghi, imbricati e petali poco più lunghi dei sepali, con base larghissima, convolutivo-imbricati e terminati da breve punta valvata; staminodi 3, angusti, dentiformi o talora molto allungati. Ovario ovoideo, 1-loculare, stigmi 3, triangolari, acuti, ricurvi nell'antesi, permanenti sul frutto; ovulo pendulo da un lato dall'alto della loggia. Frutto piccolo, globoso, ± pisiforme o subreniforme con i resti degli stigmi più o meno eccentrici su di un lato al di sopra della metà. Pericarpio nell'insieme sottile; epicarpio liscio, non o poco distintamente reso granuloso o punteggiato da sottostanti sclerosomi; mesocarpio grumoso ma provvisto di uno strato di tessuto scleroso più o meno sviluppato e continuo subito sotto l'epicarpio, non o pochissimo fibroso nella parte più interna: endocarpio sottile, legnoso, fragile, liscio internamente. Seme globoso, col punto d'attacco opposto agli stigmi: ilo breve, puntiforme; diramazioni del rafe radianti dall'ilo, lassamente anastomosanti: albume omogeneo; embrione quasi basilare, situato al di sotto dell'ilo, non molto discosto da questo.

Il genere *Basselinia* è molto affine ai *Clinostigma,* specialmente alle *Clinostigmopsis* dai quali si distingue principalmente per i fiori ♂ regolari e per l'abito generale. Dove ho potuto studiare il frutto ben maturo, come nella *B. Pancherii,* ho trovato l'endocarpio provvisto di opercolo scindibile come nelle *Clinostigmopsis.*

Basselinia Vieillard.

A. Spadicis rami fioriferi ± indumento leproso-furfuraceo vel rameutaceo, deciduo vel detergibili induti.

⊙ (Fructus sphaericus vel globoso-ovatus.

\+ Rami fioriferi graciles, elongati, indumento dense ramentaceo-furfuraceo induti.

1. Minor. Folia 0,70-1 m. longa, segmentis subtricostulatis, lanceolatis, sigmoideis, intermediis 20-22 cm. longis, 2,5-3,5 cm. latis, marginibus leviter incrassatis. Spadix duplicato-ramosus;

ramulis indumento ramentaceo fusco indutis. Flores ♂ subglobosi, circ. 1 mm. diam.; antheris oblongis vel ovatis. Floris ♀ staminodia ovario subaequilonga. Fructus globosus 4,5-5,5 mm. diam.

B. gracilis Vieill.

2. Gracilis, caudice arundinaceo. Folia dimorpha, nonnulla (radicalia vel plantae juvenilis?) anguste cuneato-flabelliformia, usque ad medium biloba, adultiora pennata, longiuscule petiolata circ. semimetralia; segmentis paucis, inaequalibus, leviter falcato-sigmoideis, 20-28 cm. longis in apicem longissimum capillarem attenuati, 10-12 mm. latis et 1-costulatis, vel duplo latioribus et bicostulatis. Spadix duplicato-ramosus; ramulis floriferis circa 15 cm. longis, 3 mm. crassis. Florum glomeruli in tomento fusco-griseo non crebrerrime immersi. Flores ♂ minutissimi 0,5 mm. crassi. Fructus....

B. heterophylla Becc.

3. Mediocris. Foliorum segmenta.... Spadix 3-plicato ramosus; ramulis circ. 15 cm. longis, 4 mm. crassis. Florum glomeruli in indumento denso, fusco-griseo immersi. Flores ♂ globosi quam in *B. gracili* paullo majores. Fructus parvus, globosus.

B. Deplanchei Vieill.

4. Mediocris. *Foliorum* segmenta rigida, recta, lanceolato-ensiformia, longissime acuminata, pluricostulato-plicata, majora usque ad 60-75 cm. lunga: petiolus squamulis appressis nigricantibus indutus. Spadix 3-plicato-ramosus, ramulis floriferis 15-25 cm. longis 3,5-4 mm. crassis. Florum glomeruli in indumento ramentaceo-fusco immersi. Fructus....

B. eriostachys Becc.

++ Ramuli fioriferi breves, ± fugaciter leproso-furfuracei.

5. Foliorum segmenta lanceolata, recta, pluricostulata. Spadix 3-plicato-ramosus, ramis

divaricatis, ramulis floriferis brevibus (5-8 cm. longis). Florum glomeruli ex alveolis exerti (non in indumento immersi). Flores ♂ globoso-ovati, 1 $^{1}/_{3}$ mm. longi: antheris late ovatis. Floris ♀ staminodia parva, dentiformia. Fructus globosus vel paullo longior quam crassus, 7,5-8 mm. diam.

B. surculosa Becc.

⊙⊙ (Fructus subreniformis (*Nephrocarpus U* Damm.).

6. Foliorum segmenta lanceolata, subrecta, majuscula, intermedia 70 et ultra cm. longa, usque ad 9 cm. lata. Spadix valde-ramosus, ramis fioriferis elongatis (15.-25 cm. longis), furfuraceo-pulverulentis, demum fere glabratis. Flores ♂ globosi, 1 mm. vel paullo ultra diam. Fructus globoso-subreniformis, interdum subbilobus, 6,5-8 mm. latus, 5,5-6 mm. crassus.

B. Pancherii Vieill.

B. Spadicis rami floriferi tomento spisso lanoso obmanenti induti.

7. Major. Foliorum segmenta magna, rigida, rectissima, lanceolato-ensiformia, valide pluricostulatuplicata, intermedia ultra metrum longa. Rami fioriferi valde elongati cum tomento indutis 7-8 mm. diam. Fructus globoso-ovatus, 8,5-9 x 8 mm.

B. tomentosa Becc.

C. Spadicis rami fioriferi indumento tenuissime velutinu, cinereo, induti.

8. Ut videtur robusto. Foliorum segmenta... Rami floriferi validi, 30-50 cm. longi, 0-9 mm. ad basin crassi, superne attenuati, crebrerrime et regularissime scrobiculati. Florum glomeruli fereo mnino e scrobiculis exerti. Flores ♂ pro rata majusculi, globoso-ovati, 4 mm. longi, filamentis complanatis, apice abruptissime inflexis; antheris late ovatis, utrinque emarginatis, connectivo lato, nigro. Flores ♀ staminodia 3, dentiformia. Fructus....

B. velutina Becc.

*D. S*padicis rami omnino glabri.

9. Ramuli fioriferi vermiformes, 30 cm. (et ultra?) longi, glabrerrimi, crebrerrime ac regularissime scrobiculati, cum floribus, non perfecte evolutis, 6 mm. crassi. Florum glomeruli 5-seriati e scrobiculis fere omnino exertis, fere usque ad apicem glomerulato-3-ni, flore ♀ jam ante anthesim masculis paullo majore. Flores ♂ exacte collaterales, globoso-subtrigoni, 2 mm. diam.; ovarii rudimentum majusculum, staminibus aequilongum, apice discoideo, trigono.

B. glabrata Becc.

Species imperfecta nota:

E. Basselinia (*Billardierii* Becc.?).

Microkentia Billardierii H. Wendl. in Benth. et Hook. Gen. Pl. III 895, a me non visa probabiliter est species *Basseliniae.*

10. Spadix rigidus erectus, divaricate ramosus; ramulis floriferis inter flores cinereo-tomentosis. Fructus parvus, stigmatum residuis supra medium lateralibus, pericarpio parce carnoso non fibroso, endocarpio crustaceo.

Nova Caledonia a Balade *Balansa,* n. 3123; ex Brongn. in Compt. Rend. Ac. Sc. Paris, LXXVII (1873) 401.

Species NOMINE TANTUM NOTAE:

Basselinia Kanalensis Vieill.
» *Lenormandi* Vieill.

1. **Basselinia gracilis** Vieillard; in Bull. Soc. Linn. Norman. sér. 2.e VI (1873) 231. — *Microkentia gracilis* H. Wendland, in Benth, et Hook. Gen. pl. III 895; U. Dammer, in Engl. Bot. Jahrb. XXXIX, I 20. — *Kentia gracilis* Ad. Brongn. et Gris, in Bull. Soc. bot. France XI 315. — *Cyphokentia gracilis* Ad. Brongn. in Compt. Rend. Ac. Sc. Paris, LXXVII (1873) p. 401. — *Clinostigma gracilis* Becc. Malesia I 41. — *Microkentia*

Schlechterii Dammer, in Engl. Bot. Jahrb. XXXIX 20.

Icon. Tav. XI.

Palma gracile con tronco presso a poco della dimensione di una canna da passeggio. *Foglie* pennate, lunghe 0,70-1 m. (non compresa la guaina) ed alle volte sembra anche assai meno; guaina cilindrica, allungata, coperta di squame appresso, color tabacco o quasi nere, che ricuoprono anche la parte picciolare ed il rachide; la parte picciolare è molto breve, lunga circa 5 cm., larga 8 mm., piana di sopra, convessa di sotto, a margini piuttosto acuti; il rachide di sopra da prima è pianeggiante o leggermente concavo e con un solco per lato, diventa in alto bifaciale con angolo non molto acuto; di sotto, in basso, è tondeggiante con angolo molto ottuso, ma diventa pianeggiante verso l'estremità. I segmenti non sono molto numerosi, più o meno inequidistanti, 14-15 per parte, cartacei, rigiduli, allo stato secco di color tabacco nella pagina inferiore, che è pure ± sparsa, specialmente sui nervi e presso i margini di squamule del medesimo colore, molto scure nella superiore; detti segmenti sono lanceolati ed alquanto curvo-sigmoidei, attaccati al rachide per una assai larga base, gradatamente acuminati e terminati in lunga punta setacea, percorsi dalla costola mediana sottile ma assai acuta di sopra, dove, presso la base è l'accenno pronunziato, di un'altra costola per parte, che però scomparisce quasi dal mezzo in su: i nervi secondarî sono poco distinti. Margini molto leggermente inspessiti; non si vedono venule transverse. I segmenti intermedii e superiori sono lunghi 20-22 cm., larghi 2,5- 3,5 cm.; talvolta 2 o 3 segmenti sono uniti fra di loro, in tal caso sono il doppio od il triplo più larghi e sono bi- o tricostulati: i segmenti inferiori sono gradatamele più piccoli ed i più bassi sono ridotti piccolissimi; i terminali sono più o meno connati fra di loro per la base ma hanno l'apice acuto o acuminato. In alcuni esemplari di dimensioni molto piccole, le foglie rassomigliano a quelle di certe *Pinanga,* con pochissimi segmenti ± connati fra di loro e pluricostulati. Gli *spadici* sono piccoli, di solito lunghi 20-30 cm., duplicato-ramosi, ma con pochi rami. I giovani spadici inaperti sono fusiformi, acuminati, muniti di due spate complete, inserite a pochi millimetri di distanza l'una al di sopra dell'altra: sono membranacee, color castagno sul secco, perfettamente glabre, molto finamente striate, simili fra di loro, l'esterna però molto acutamente bicarinata, l'altra senza carene. La parte assile dello spadice ha una breve parte peduncolare compressa: i rami primarî sono pochi, alterni, angolosi divisi in pochi ramoscelli fioriferi; questi sono tereti, di eguale diametro in basso come all'estremità, lunghi 10-18 cm., intieramente coperti da fiori di 4,5 mm. di diam. I fiori sono tutti glomerulato-terni sino all'apice, immersi in una peluria ramentacea, forforacea, color tabacco, decidua in gran parte alla completa maturità dei frutti; nei glomeruli i 3 fiori rimangono quasi sopra una stessa linea orizzontale, col mediano femineo, il quale al momento che i fiori ♂ sono per aprirsi è di poco più grosso di questi. I *fiori* ♂ sono piccolissimi, subglobosi, ma più o meno deformati per la mutua pressione, di 1 mm o poco più di diam., con calice di 3 sepali oblunghi, liberi ed imbricati alla base, fortemente carenati, nitidi, ciliolati, scariosi, di colore scuro, con corolla una o due volte più lunga del calice, di 3 petali crassiusculi, suborbicolari, valvati: stami 6, con filamenti fortemente inflessi all'apice e che s'inseriscono verso la metà dell'antera; antere ovato-oblunghe, ottuse, a logge parallele, deiscenti sui lati: rudimento d'ovario conspicuo, crasso, cilindrico, capitellato in alto, lungo quanto gli stami nel boccio. *Fiori* ♀ accolti fra due brattee relativamente grandi, che formano nell'alveolo una specie di caliciculo: al momento dell'antesi sono latamente ovati o globoso-ovati, lunghi poco più di *2* mm.: sepali larghissimi, fortemente cucullati in alto, a contorno rotondato, lisci, scuri; petali $^{1}/_{3}$ più lunghi dei sepali, a base larghissima ed abbracciante, bruscamente ristretti in una punta deltoidea, valvata; ovario obovato, bruscamente contratto negli stigmi; questi crassi, triangolari, acuti, recurvi, comparenti nell'antesi framezzo alle punte dei petali: staminodi 3, conspicui, strettissimi, subulati lunghi quasi quanto il corpo dell'ovario: l'ovulo è pendente dall'alto di un lato della loggia. *Frutti* piccoli a superficie nera, sparsamente granulosa, della grossezza di un seme di veccia, globosi o molto leggermente più lunghi che larghi; lunghi 5,5-6,5 mm., larghi 4,5-5.5 mm., con i resti degli stigmi lungamente permanenti, alquanto eccentrici. Pericarpio nell'insieme spesso $^1/_2$ mm.: epicarpio molto sottile: mesocarpio grumoso con tracce di uno strato scleroso al di sotto dell'epicarpio, senza fibre nella parte interna: endocarpio legnoso, fragile, assai spesso dal lato dell'ilo e più sottile dal lato opposto. Seme subsferico o leggermente più lungo che largo, di 4-4,5 mm. di diam. od anche meno, a superficie bruna; ilo superficiale lineare-oblungo; diramazioni vascolari poche (8-9), assai distinte, radianti e discendenti dall'alto, poco anastamosate e con maglie molto larghe.

Albume omogeneo, pieno: embrione situato presso la base molto vicino all'ilo.

Habitat. — Sembra una specie molto comune nella Nuova Caledonia. Ho visto numerosi esemplari fra i quali varî nell'Erb. di Caen raccolti da Vieillard.

Nessun dubbio sulla identità della *Microkentia Schlechterii* con la *Basselinia gracilis* avendo di quella esaminato porzioni dell'esemplare tipico: Schlechter, n. 15236 nell'Erb. di Berlino.

2. **Basselinia heterophylla** Becc. sp. n.

Piccola, con tronco gracile arundinaceo. *Foglie* della parte alta del tronco e di pianta adulta, pinnate, lunghe 55 cm. compreso il picciolo che occupa 12 cm., con 8-10 segmenti per parte, assai radi e per lo più opposti; picciolo piano di sopra e con angolo ottuso di sotto, largo 4 mm., reso marcatamente leproso sulle due facce da squamette nere, appresso, quasi confluenti e che si estendono anche lungo tutto il rachide. Segmenti cartacei, rigiduli, leggermente falcato-sigmoidei, ineguali, i più molto stretti, gradatamente assottigliati in alto in un lungo apice capillare, percorsi da una assai acuta costa mediana e da un nervo secondario assai forte, situato lateralmente a quella, quindi sub-3-costulati, lunghi 20-28 cm. e larghi 10-12 mm.; alcuni, specialmente gli intermedii, formati spesso dall'unione di due segmenti quindi il doppio più larghi e con un numero doppio di nervature: gli altri segmenti più bassi sono fra i più stretti ed i più distintamente falcati; margini leggermente inspessiti: nervi terziarî assai distinti nella pagina inferiore, dove la costa mediana porta varie pagliette color tabacco. I segmenti nel disseccare acquistano un colore bruno molto intenso. *Spadice* duplicato-ramoso; ramoscelli fioriferi lunghi 15 cm., spessi 3 mm., con i glomeruli dei fiori non molto fitti ed immersi in una peluria bruno-grigiastra. *Fiori* ♂ piccolissimi, globosi, di $^1/_2$ mm. di diam., del resto similissimi a quelli della *B. gracilis*. *Frutti* mancano. Alle parti semplicemente foliari sopra descritte vanno unite delle foglie a lembo indiviso apparentemente appartenenti a piante giovani; dalla vagina di cui son provviste, sembra che abbiano appartenuto ad un tronco della grossezza del dito mignolo; la vagina è fortemente leprosa; la lamina, compreso il picciolo che da solo misura 6-10 cm., è lunga 40 cm. e larga 9-10 cm., cuneato-flabelliforme, gra-datamente attenuata in basso, in punta acuta, divisa sino alla metà in due lobi a punta leggermente falcata ed acuminata, percorsi da 6-7 costole primarie, che nella pagina inferiore sono assai fittamente cosperse da conspicue pagliette corte e larghe color tabacco.

Habitat. — A Prony, nella foresta Nord, all'altezza di 350 m. raccolta da M. Cribs in Marzo 1900. Porta la seguente nota del collettore: «Espèce droite, élancée, à feuillage hétèrophylle, assez commune dans les hautes futaies».

Molto affine alla *B. gracilis* e presso a poco delle medesime dimensioni; ne differisce per la sua marcata eterofillia: per i segmenti delle foglie pinnate molto più stretti e molto più lungamente terminati in un sottil filamento; differisce pure per i rami fioriferi più sottili, con i glomeruli dei fiori più radi non a contatta fra di loro, immersi in peluria grigia.

3. **Basselinia Deplanchei** Vieill. in Bull. Soc. Linn, de Norman. Sér. 2.ª, VI (1873) 232. — *Kentia Deplanchei*-Brongn. et Gris, in Bull. Soc. Bot. de France XI 314; — *Cyphokentia Deplanchei* Brongn. in Compt. Rend. Ac. Sc. Paris, LXXVII (1873) 401. — *Clinostigma Deplanchei* Becc. Malesia I 41. —

Microkentia Deplanchei U. Dammer. in Engl. Bot. Jahrb. XXXIX. I 20.

Icon. Tav. XII, fig. 5-11.

Vien descritta da Brongniart come una palma con tronco gracile, arundinaceo, con foglie a rachide furfuraceo e con pochi segmenti ineguali. Dai frammenti di spadice in fiore di un esemplare tipico nell'Erbario di Caen risulta, che i fiori ♂ e ♀ sono similissimi a quelli della *B. gracilis.*

Fiori ♂ con stami a filamento fortemente inflesso all'apice: antere ovato-oblunghe, inserite verso la metà del dorso. I ramoscelli carichi di fiori ♂, bene evoluti, hanno 4 mm. di diam, sono assai lunghi e coperti di peluria grigia (non color tabacco). *Frutti* maturi non visti, ma giudicando da alcuni giovani, sembra che debbano avere la forma e la grandezza di quelli della *B. gracilis;* essi vengono descritti da Brongniart come subglobosi od obovati, con i resti degli stigmi laterali situati al di sopra del mezzo. *Gli* scrobicoli (nascosti dalla peluria) sono assai fitti per tutta la lunghezza dei ramoscelli; del resto sono come quelli della *B. gracilis* alla quale la *B. Deplanchei* sembra molto affine.

Habitat. — L'esemplare dell'Erbario di Caen che ho esaminato porta il n. 1289 e l'indicazione di essere stato raccolto (suppongo da Vieillard) sulla cima del M. Puebo.

Alla *B. Deplanchei* credo poter riferire la palma della quale faccio seguire la descrizione.

Palma di medie dimensioni, alta circa 8 metri (Cribs). *Fronde* lunghe 2,50 m.; una o due foglie del germoglio centrale sono di un rosso molto vivo (Cribs); allo stato secco i segmenti sono color tabacco con tendenza al porporino; rachide, nella parte apicale, depresso-triangolare, con angolo assai acuto di sopra, pianeggiante di sotto ed, almeno nelle fronde da poco svolte, forforaceo-cotonoso (fugacemente?). Segmenti assai numerosi, alterni o subopposti, inseriti ad un angolo di 45° per mezzo di una base assai larga e leggermente decorrente lungo il rachide. Sono rigidamente cartacei, opachi sulle due facce (almeno sul secco), di sotto leggermente più pallidi che di sopra, oblanceolati e distintamente sigmoidei, ristretti alquanto verso la base e falcati nell'estremità, con l'apice acuto od acuminato; hanno la costola mediana molto forte, rilevata ed acuta nella pagina superiore, sottile e provvista di poche ma assai conspicue pagliette ramentacee, a quanto sembra fugaci nella pagina inferiore; vi sono inoltre per lato alla costa mediana 3-4 nervi secondarî, sottili ma distinti; uno per parte di questi è talora più forte degli altri e rende il segmento sub-3-costulato; sopra ambedue i margini scorre un nervo, robusto quasi quanto la costola mediana, di modo che essi risultano fortemente inspessiti: venule transverse inconspicue. I segmenti maggiori fra quelli presenti, (vale a dire i più bassi in porzioni apicali di fronde lunghe circa 40 cm. e con 4-6 segmenti per parte) sono lunghi 30-38 cm. e larghi 4-6 cm.; i segmenti superiori vanno rapidamente decrescendo di dimensione, i terminali si riducono piccolissimi e più o meno connati fra di loro. *Spadici* non visti intieri, ma apparentemente 3-plicato-ramosi, con diramazioni primarie e secondarie patenti e rigide. I rami primarî sono lunghi 25-30 cm. e sono suddivisi in basso in 2-4 ramoscelli fioriferi; ma questi nel rimanente sono semplici: le parti assili dei rami sono ± compresso-angolose e coperte da minuto indumento forforaceo color tabacco e grigio, facilmente detergibile. I ramoscelli coperti di fiori sono tereti, di 3,5-4 mm. di diametro per tutta la lunghezza loro e con l'apice acuto, lunghi 12-16 cm. I fiori sono immersi in una peluria ramentaceo-forforacea, color tabacco, mista a poca peluria grigia. Nei glomeruli i 3 fiori rimangono quasi sopra una medesima linea orizzontale col mediano ♀, che al momento dell'antesi dei fiori ♂ è di poco più grosso di questi. *Fiori ♂* molto piccoli, globosi, di 1 mm. o poco più di diam., un poco depressi visti dall'alto, con accenno ad essere ottusamente trigoni. Calice di 3 sepali scariosi, oblunghi o suborbicolari, liberi ed imbricati alla base, fortemente carenati sul dorso, nitidi; corolla circa 2 volte più lunga del calice, a petali crassiusculi, suborbicolari: stami 6, con filamenti sorpassanti (nel boccio) anche l'apice delle antere e subito fortemente inflessi in sottilissime punte: antere inserite verso la metà del dorso, oblunghe, deiscenti sui lati: rudimento d'ovario crasso, cilindrico con l'apice rotondato e brevemente 3-lobo, lungo quanto gli stami. *Fiori* ♀ accolti fra due brattee relativamente grandi, che formano nell'alveolo una specie di caliciculo; al momento dell'antesi i fiori sono irregolarmente globoso-ovati lunghi 2,5 mm.: sepali larghissimi, fortemente cucullati in alto; petali circa il doppio più lunghi dei sepali, larghissimi, imbricati, con breve punta ottusa, valvata; ovario obovato, assai attenuato in basso: staminodi 3, angustissimi, lineari, di poco più corti dell'ovario. *Frutti* mancano.

Habitat. — A Me Nou, all'altezza di 500 m.: raccolta da M. Cribs in Marzo 1901 (n. 1172 nell'Erbario di Parigi). Esemplare ricevuto da M. Bernier, Conservateur du Musée colonial de Nouméa.

Osservazioni. — Per gli spadici e per i fiori si ravvicina molto alla *B. gracilis,* ma è una pianta assai più robusta e caratterizzata specialmente per i suoi segmenti oblanceolati, distintamente sigmoidei, con punta falcata, provvisti di una robusta costola mediana e con ambedue i margini rinforzati da un nervo quasi forte quanto la costola mediana.

4. **Basselinia eriostachys** Becc. in Webbia III 1910 143. — *Microkentia eriostachys* H. Wendl. in Benth. et Hook. Gen. Pl. III 395; U. Dammer, in Engl. Bot. Jahrb. XXXIX 20. — *Kentia eriostachys* Illustr. Hort. (1881) 31. — *Cyphokentia eriostachys* Ad. Brongn. in Compt. Rend. Ac. Sc. Paris. LXXVII, 11 Aout 1873. — ♀ *Clinostigma eriostachys* Becc. Malesia I 41.

Icon. Tav. XII. f. 1-4.

Sembra una Palma di modeste dimensioni. Una porzione di foglia ha la parte apicale del picciolo larga circa 2 cm., perfettamente piana di sopra, convessa di sotto, con accenno ad un angolo ottusissimo: è coperta sulle due facce quasi intieramente da squame applicate; nere, ± confluenti, contornate da cigli bianchi: simili squame si estendono anche sul rachide. I segmenti sono attaccati per una assai larga base, retti, lanceolato-ensiformi, molto gradatamente attenuati in una lunghissima ed angustissima punta lineare: sono pluricostulato-plicati, con la costola mediana molto forte, rilevata, acuta nella pagina superiore e con 2-3 costole secondarie per ogni parte di questa, particolarmente prominenti nella pagina inferiore; le costole ed i margini sono ± sparsi di squamule brune, appresse: di più, esiste qualche conspicua e rada squametta membranacea sulle costole principali; tutta la superficie inferiore poi è ± sparsa di puntolini bruni glanduliformi: un segmento intermedio è lungo 75 cm. largo 3 cm.: ha i margini assai fortemente inspessiti e non ha venule transverse distinte; i segmenti più bassi sono assai più piccoli, ma pure molto assottigliati in lunga punta sottile, lineare. *Spadice* 3-plicato-ramoso con divisioni della parte assile ± angolose, finamente tomentelle; rami fioriferi coperti da fitto tomento color tabacco, tereti, flessuosi, lunghi 15-25 cm., di diam. uniforme di 3,5-4 mm. non tenendo conto dei fiori: molto fittamente ed uniformemente scrobicolati lungo diverse serie per tutta la lunghezza loro; scrobicoli nascosti quasi intieramente dalla peluria, senza labbro ben distinto, quasi più larghi che alti. Fiori immersi per metà nella peluria: i 3 fiori di ogni glomerulo sono disposti in linea quasi orizzontale. *Fiori* ♂ tutti caduti sugli esemplari esaminati. *Fiori* ♀ ovati, (in uno spadice, in ogni scrobicolo ho trovato 2 fiori ♀ egualmente sviluppati) avvolti da 2 relativamente grandi brattee sepaloidee, concave, formanti un ben distinto caliciculo, lunghe 2 mm. Sepali suborbicolari bruni, lisci; petali circa il doppio più lunghi dei sepali, latamente imbricati in basso, terminati in punta valvata, deltoidea, ottusa: ovario obovato: stigmi triangolari, comparenti framezzo alle punte dei petali; ovulo attaccato in alto su di un lato della loggia. Staminodi 3, dentiformi lunghi quasi quanto la metà dell'ovario. *Frutto* sferico, di 6-7 mm. di diam.. a superficie nera, quasi liscia (senza granulazioni), con i resti degli stigmi da un lato al di sopra della metà: pericarpio nell'insieme di $^{2}/_{3}$ di mm. di spessore: mesocarpio grumoso, privo di sclerosomi superficiali, ma con uno strato di cellule sclerenchimatiche nella parte mediana e senza fibre nella parte interna: endocarpio legnoso, sottilissimo, vetrino. *Seme* sferico, di 5-5,5 mm. di diam., attaccato in corrispondenza dei resti degli stigmi; ilo poco esteso, lineare, oblungo, leggermente inspessito: testa bruna: diramazioni vascolari 5-6 per parte, radianti dall'ilo, poco anastomosate; embrione situato alquanto discosto dall'ilo un poco al di sopra, della base.

Ho esaminato un esemplare tipico dell'Erb. di Parigi raccolto da Pancher (senza numero e con soli fiori ♀) senza località precisa ed altri esemplari pure con fiori ♀ e con frutti maturi (quelli sopra descritti) dell'Erb. Martelli raccolti da M. Perret nell'anno 1907, presso S. Louis.

Alla *B. eriostachys* ritengo sia riferibile un esemplare raccolto ad Ignambi a 1000 m. di alt. da M. Sarasin (n. 228). Differisce dagli esemplari tipici per le dimensioni generali minori e per il tomento nel quale sono immersi i fiori non color tabacco ma grigiastro. Dalla base di uno spadice abbracciante il tronco si giudica questo di circa 4 cm. di diam. Una foglia intiera è lunga 90 cm. compreso il picciolo che occupa 30 cm. ed è largo alla base 9 mm.; i segmenti intermedii (i maggiori) sono lunghi 35 cm. e larghi 2 cm., rettissimi (non sigmoidei alla base) i quali, come negli esemplari tipici, sono molto rigidi ed in erbario hanno acquistato un colore quasi glauco nella pagina superiore e brunastro di sotto (l'opposto di quanto si osserva in moltissime palme). Lo spadice è solo parzialmente 3-plicato-ramoso e porta soli fiori ♂. Questi sono subgloboso-depressi, molto ottusamente 3-goni, di 1,5 mm. di diam.; nel resto similissiini in tutto e per tutto a quelli della *B. gracilis.*

5. **Basselinia surculosa** Becc. — *Microkentia surculosa* H. Wendh in Benth. et Hook. Gen. Pl. III 895; U. Damm. in Engl. Bot. Jahrb. XXXIX, I 20. — *Cyphokentia surculosa* Ad. Brongn. in Compt. Rend. Acad. Sc. Paris, LXXVII, 11 Aout 1873. — *Clinostigma surculosa* Becc. Malesia I 41.

Sembra una Palma piuttosto piccola. In una parte apicale di *foglia* il rachide è piano di sotto, ottusamente bifacciale di sopra, striato ed a quanto sembra, da prima coperto di squamule scure, che poi, cadendo, lasciano dei puntolini impressi. I segmenti sono assai radamente alterni, lanceolati, dritti, Un poco ristretti in basso, ma attaccati per una assai larga base, molto rigidamente cartacei, pluricostulato-plicati, gradatamente acuminati in punta, rigida: margini assai inspessiti, con la pagina inferiore coperta di puntolini (lepidi) quasi contigui fra di loro. Il segmento più grande fra i presenti è lungo 36 cm. e largo 3 cm.: quelli al di sopra sono gradatamente più piccoli, Gli *spadici* sembrano 3-plicato-ramosi, con rami primarî corti, divaricati e ramoscelli fioriferi pure corti (lunghi 5-8 cm.) leggermente rivestiti da indumento pulverulento-forforaceo nerastro, apparentemente, in parte, deciduo: la parte assile dei ramoscelli ha circa 2 mm. di diam. ed è assai fittamente scavata da scrobili a forma di nido di rondine su 3 serie longitudinali, con labbro a contorno rotondato. I glomeruli dei fiori sporgono completamente dagli alveoli, non sono avvolti da peluria e nella parte più bassa dei rami sono terni col mediano femmineo; nella parte apicale sono un poco più ravvicinati che in basso e si compongono di soli fiori ♂ gemini. *Fiori* ♂ globoso-ovati, leggermente ristretti in alto, lunghi 1 $^{1}/_{3}$ mm.; sepali orbicolari, fortemente concavi, lisci e ± carenati sul dorso; petali il doppio più lunghi dei sepali, molto latamente ovati, ottusiusculi poco distintamente striati: stami 6; filamenti lineari, complanati, subulati, inflessi all'apice; antere latamente ovate, ottuse; rudimento d'ovario colonnare, lungo quanto gli stami nel boccio. *Fiori* ♀ al momento del completo sviluppo dei ♂ alquanto più grossi di questi, ovato-conici lunghi quasi 3 mm.: sepali orbicolari, lisci, ± concavo-cuculiati: petali il doppio più lunghi dei sepali, latamente imbricati in basso, terminati in breve punta deltoidea, ottusa, valvata: ovario oblungo-clavato; staminodi 3, densiformi, piccoli. *Frutti* globosi, alle volte molto leggermente più lunghi che larghi, di 7,5-8 mm. diam., con i resti degli stigmi eccentrici, formanti un tubercoletto assai prominente da un lato al di sopra della metà, a superficie nera, nitida, ma ± corrugata; pericarpio nell'insieme spesso circa $^{2}/_{3}$ di mm., mesocarpio grumoso con uno strato interposto, quasi mediano, di tessuto sclerenchimatico e senza fibre nella parte più interna; endocarpio molto sottile, legnoso e fragile, leggermente inspessito in corrispondenza dell'ilo. Seme globoso di 6-6,5 mm. di diam.; ilo breve non inspessito; diramazioni vascolari radianti dall'ilo, in numero di 5-6 per parte, poco anastomosate e formanti maglie molto larghe; embrione situato presso la base, alquanto discosto dall'ilo.

Habitat, — Ho descritto un esemplare tipico di Pancher, n. 763 dell'Erb. di Parigi senza località speciale.

Osservazioni. — La specie è soprattutto caratterizzata dai rami fioriferi corti, forforaceo-leprosi, con glomeruli non molto fitti, dai fiori ♂ e ♀ relativamente assai grandi non immersi in peluria ed assai sporgenti dagli scrobicoli.

6. **Basselinia Pancherii** Vieillard, in Bull. Soc. Linn. Norm; v. VI (2.e Sèrie) 1873, 232. — *Kentia Pancherii* Brongn. et Gris. in Bull. Soc. Bot. de France XI 316. — *Microkentia Pancherii* H. Wendl. in Benth. et Hook. III 895. — *Nephrocarpus Schlechterii* Dammer, in Engl. Bot. Jahrb. XXXIX 22. — *Cyphokentia Pancherii* A. Brongn. in Compt. Rend. Ac. Sc. Paris, LXXVII (11 Aout 1873). — *Clinostigma Pancherii* Becc. Malesia I 40.

Icon. Tav. XIII.

Il tronco è indicato di 10 m. di altezza (Balansa). Delle *foglie* ho visto un solo segmento apparentemente della parte intermedia del rachide. Da esso si giudica, che le foglie debbono essere assai grandi: rachide finamente striato, coperto da squamule appresse, orbicolari, scure, frangiate di peli chiari. Il segmento presente è molto leggermente sigmoideo, lanceolato (forse risulta dalla concrescenza di due), attaccato al rachide per una larga base 7 cm.). lungo oltre 70 cin., largo 9 cm. verso la metà, lungamente acuminato in punta quasi dritta, subconcolore sulle due facce, molto rigidamente cartaceo, pluricostulato nella parte basilare, ma percorso sino all'apice da due costole assai rilevate ed acute di sopra. (Probabilmente molti segmenti sono 1-costulati e della metà più stretti di quello descritto). Nella pagina inferiore le costole primarie inferiori ed i margini sono pubuli ed i nervi secondarî e terziarî appariscono sotto la lente cospersi di minutissimi puntolini glanduliformi; sono poi presenti lungo le nervature principali, specialmente presso la base, varie squamule membranacee, sottili, brune, assai conspicue, corte e larghe, attaccate per il mezzo. Lo *spadice* sembra debba essere stato per lo meno duplicato-ramoso; i ramoscelli fioriferi sono piuttosto gracili, flessuosi, di lunghezza variabile (15-25 cm), tereti, con la parte assile di 3 mm. di diam. alla base, leggermente attenuati verso l'estremità, più o meno permanentemente furfuraceo-pulverulenti, quasi glabri allo stato fruttifero, assai profondamente scrobicolati lungo più serie, con gli scrobicoli a nido di rondine e labbro rotondato: gli scrobicoli, nella parte bassa dei rami, sono assai discosti fra di loro, sono invece tanto più ravvicinati quanto più si procede verso l'estremità. I fiori sono glomerulato-terni, col mediano ♀ situati in una medesima linea (orizzontale) nel terzo o nella metà inferiore, sono solo ♂ e gemini nel rimanente. *Fiori*, ♂ globulosi, piccoli, di 1 mm. di diam. o poco più, rotondati in alto; calice ± angoloso per mutua pressione; sepali concavo-cucullati, carenati, imbricati in basso, bruni, lisci, ciliolati; petali molto larghi, triangolari, quasi più larghi che alti; stami 6; antere ovato-oblunghe, versatili; rudimento d'ovario conspicuo, con stigma discoideo comparente in alto framezzo le antere; filamenti lineari, inflessi all'apice. *Fiori* ♀ latamente ovati, provvisti di due conspicue brattee sepaloidee, formanti un calicicolo cupulare; sepali e petali bruni, lisci; sepali orbicolari, concavi; petali poco più lunghi dei sepali, latamente imbricati, terminati da breve punta valvata; staminodi 3, dentiformi, allungati; ovario ovato, con stigmi triangolari, molto acuti, recurvi. *Frutti* maturi a superficie nera, nitida, liscia, sul secco grossamente corrugata, alquanto irregolarmente globosi ma con marcata tendenza ad esser reniformi o globuloso-subbilobi, lunghi 6,5-8 mm., alti 6-6,5 mm. e spessi 5,5-6 mm., con stigmi trasportati alla metà di un lato ed assai prominenti. Pericarpio nell'insieme spesso circa $^{2}/_{3}$ di mm.; al di sotto dell'epicarpio si trova uno strato sottile, continuo, formato da sclerosomi confluenti e poi il mesocarpio grumoso (nero sul secco), privo di fibre; l'endocarpio è legnoso, assai resistente, leggermente inspessito dal lato dell'attacco del seme, con un opercolo scindibile in corrispondenza dell'embrione. Il seme è più distintamente reniforme del frutto, largo 6 od al più 7 mm.; ilo suborbicolare, superficiale: diramazioni vascolari 14-15 fra tutto, radianti dall'ilo, leggermente anastomosato; embrione situato alquanto al di sotto dell'ilo.

Habitat. — Ho descritto un esemplare dell'Erbario di Parigi, raccolto da Balansa (n. 1965[a]) in fondo della Baia di Prony nella foresta di Kaoris. Nell'Erbario di Caen esistono esemplari di Vieillard raccolti a Balade.

Osservazioni. — Ritengo la *Nephrocarpus Schlechterii* Dammer perfettamente identica alla *Basselinia Pancherii* Vieill., dietro l'esame del frutto dell'esemplare tipico di *Nephrocarpus,* sebbene varî caratteri assegnati al *Nephrocarpus,* specialmente per quel che si riferisce alle foglie, non corrispondono a quelli da me dati per la *B. Pancherii,* Nel frutto dell'esemplare tipico di *Nephrocarpus Schlechterii* ho trovato l'endocarpio leggermente più spesso che nei frutti dell'esemplare di Balansa, n. 1965[a].

Il *Nephrocarpus Schlechterii* sarebbe stato raccolto nel Distretto Meridionale a Ugoye, nelle foreste a circa 900 m. di altezza (Schlechter, n. 15235 nell'Erb. di Berlino). La forma speciale del frutto subreniforme facilmente distingue questa specie fra le affini. Il frutto però sembra assai variabile, ed alle volte è quasi regolarmente globoso.

7. **Basselinia tomentosa** Becc, sp. n.

Sembra una Palma di considerevoli dimensioni, che raggiunge 20 m. di altezza (Pancher). Anche le *foglie,* dalla piccola porzione di una che ho vista, si giudicano assai grandi: il rachide, in un punto sembra corrispondere al terzo superiore della intiera foglia, è largo circa 15 mm., tondeggiante di sotto, quivi coperto di tenue indumento, formato da squamule, color tabacco, molto appresse e confluenti; è glabrescente di sopra, dove presenta due facce piane, separate da un angolo saliente assai acuto. I segmenti sono grandi, molto rigidi; pluricostulato-plicati, molto lungamente lanceolato-ensiformi, drittissimi, leggermente ristretti in basso, attaccati al rachide per una base callosa, piuttosto larga (circa *2* cm.), gradatamente ristretti in alto in punta lungamente acuminata-subulata, molto rigida: nella pagina superiore la costola mediana è robustissima, rilevata ed acuta; anche altre due costole (una per parte alla mediana) sono assai robuste; vi sono poi varî nervi secondarî e terziarî tutti relativamente assai forti: nella pagina inferiore sulla costola mediana si trovano, specialmente in basso, varie pagliette membranacee, brune, essa è interamente coperta lungo tutti i nervi, anche sui più sottili, di puntolini bruni, rilevati, glanduliformi; i margini sono acuti, ma percorsi da assai robusto nervo. I due soli segmenti presenti misurano 1-1,5 m. di lunghezza e 5 cm. di larghezza. *Spadici* (duplicato-ramosi?) con lunghi rami fioriferi, rigidi, tereti, coperti da denso tomento permanente, lanoso, fulvescente, di 7-8 mm. di diam., la parte assile dei rami, liberata dal tomento, ha circa 5 mm. di diam.: essi rami sono molto regolarmente ed assai fittamente scavati da scrobicoli in 6 serie longitudinali; gli scrobicoli rimangono nascosti dal tomento, sotto il quale mostrano un labbro scarioso, rotondato, bruno, assai sporgente e le due brattee del fiore ♀, pure brune, formano un basso caliciculo. I glomeruli dei fiori sembrano tutti terni, col mediano ♀, egualmente distribuiti dalla base sino all'apice dei rami. *Fiori* ♂ (caduti). *Frutti* globosi, leggermente più lunghi che larghi, lunghi 8,5-9 mm., larghi 8 mm., con i resti degli stigmi eccentrici, assai prominenti, situati da un lato poco sotto all'apice, a superficie nera, unita, quasi nitida, con appena un accenno di minutissime granulazioni sul secco.

Pericarpio dal lato dell'attacco del seme (corrispondente ai resti degli stigmi) di circa 1 mm. di spessore: dal lato opposto di poco più di $^{1}/_{2}$ mm.: mesocarpio con uno strato unito, scleroso al di sotto dell'epicarpio, poi parenchimatoso con appena qualche molle fibra intorno all'endocarpio; questo è, come nelle altre specie, sottile, legnoso, fragile. *Seme* globoso, di 5 mm. di diam., talora leg-germente più lungo che largo; diramazioni del rafe radianti dall'ilo, formanti un basso reticolato intorno al seme: ilo superficiale, suborbicolare, non inspessito; embrione basilare un poco discosto dall'ilo; diramazioni vascolari molto sinuose, formanti un basso reticolo tutto in giro al seme. Perianzio fruttifero con sepali e petali bruni, lisci; staminodi 3, dentiformi, allungati.

Habitat. — Raccolta da Pancher in località non precisata. L'esemplare che mi è stato comunicato dall'Erbario di Parigi porta la nota: «Grand palmier cotonneux. Petit fruit rond. Spadice horizontal, divisions divariquées, 20 m.».

Osservazioni. — Palma insigne per le sue grandi dimensioni, molto caratteristica per i suoi spadici, con lunghi e relativamente spessi rami fioriferi sui quali i glomeruli dei fiori sono immersi in un denso tomento biondo, permanente.

8. **Basselinia vellutina** Becc. sp. n.

Di questa specie ho visto solo dei rami fioriferi, dai quali si può arguire che è una palma assai robusta e che lo spadice è per lo meno duplicato-ramoso. I rami fioriferi sono robusti, dritti, rigidi, lunghi 30-50 cm., hanno la parte assile molto finamente e fittamente coperta da bassissimo tomento vellutino, grigio-cinerescente allo stato secco corrugato-angolosa: sono spessi alla base 6-9 mm., molto insensibilmente assottigliati in alto, terminati in punta subulata, fittamente e molto regolarmente scrobicolati lungo più (5-6?) serie; gli scrobicoli sono assai profondi ed hanno il labbro inferiore leggerissimamente sporgente. Negli scrobicoli i fiori sporgono quasi per intiero dall'alveolo e formano un triangolo; il fiore mediano ♀ rimane un poco più basso dei maschi, i quali al momento che sono per aprirsi, sono quasi della medesima forma e dimensione del femineo. I *fiori* ♂ sono ± globosi od un poco più lunghi che larghi, però sempre rotondati in alto; hanno il calice ± compresso ed angoloso per la mutua pressione, sono larghi 3-3,5, alti 4 mm.; calice a sepali imbricati in basso, color castagno, lisci, suborbicolari, concavo-cucullati, ± carenati sul dorso ed ivi puberuli a contorno rotondato; corolla circa il doppio od anche meno più lunga del calice; petali cinnamomei, molto latamente triangolari; stami 6; filamenti lineari, complanati, con l'apice molto bruscamente inflesso; antere latamente ovate, profondamente smarginate in alto ed in basso, dorsifisse, con largo connettivo nero; rudimento d'ovario colonnare, assai grosso, ottuso, poco più corto degli stami nel boccio. *Fiori* ♀ irregolarmente globosi; sepali come nel fiore ♂, pubescenti sul dorso; corolla di poco più lunga del calice, a petali fortemente imbricati in basso e con breve punta valvata. Staminodi 3, dentiformi, triangolari, allungati. I fiori ♀ sono avvolti da due larghe brattee sepaloidee, che formano una specie di conspicuo caliciculo cupulare.

Habitat. — Raccolta da Pancher nella Nuova Caledonia ma senza indicazione precisa di località e senza numero nell'Erbario di Parigi.

Osservazioni. — Ho visto di questa specie solo dei rami fioriferi; sembra però una Palma di grandi dimensioni raggiungenti forse quelle della *B. tomentosa.* Sebbene di essa siano ignote le foglie, ed i frutti non si può confondere con alcuna altra *Basselinia* per i suoi rami fioriferi, assai robusti, molto regolarmente e fittamente scrobicolati lungo più serie ed intieramente rivestiti da un bassissimo tomento vellutino, cinereo, molto aderente e per i suoi fiori relativamente grandi, non immersi in peluria, ma quasi intieramente sporgenti dagli alveoli.

9. **Basselinia glabrata** Becc. sp. n.

Anche di questa specie si conoscono solo porzioni di spadice con fiori ancora chiusi. I rami fioriferi sono allungati, vermiformi, tereti, lunghi 30 (e più?) cm.; allorché coperti di fiori non ancora aperti, sono di 6 mm. di diam., con la parte assile perfettamente glabra, sul secco corrugata, molto fittamente scavata da scrobicoli più larghi che alti, disposti lungo 5 serie in forma quasi di losanga, senza labbro ben distinto ed egualmente fitti alla base come all'estremità. I 3 fiori dei glomeruli rimangono sopra una medesima linea orizzontale, quasi intieramente emersi dagli scrobicoli, col femineo un poco più grosso dei ♂, quando questi sono prossimi ad aprirsi. *Fiori* ♂ globoso-trigoni, larghi circa 2 mm. e non più alti. Sepali fortemente cucullati, ottusamente carenati; petali poco più lunghi dei sepali; stami 6, filamenti inflessi all'apice; antere oblunghe, smarginate ad ambedue le estremità; rudimento d'ovario conspicuo, lungo quanto gli stami nel boccio, terminato da un disco piano, triangolare.

Habitat. — A Puebo, n. 642 nell'Erb. di Caen, probabilmente raccolta da Vieillard.

Osservazioni. — Sono conosciuti solo gli spadici fioriferi, che però caratterizzano molto bene questa specie, per la loro completa glabrescenza e per essere coperti fittamente di fiori in glomeruli pluriseriati. I glomeruli, che sono per la massima parte 3-ni, hanno i fiori quasi intieramente sporgenti dall'alveolo, dove sono disposti quasi sulla medesima linea, col mediano ♀ più grosso dei fiori ♂.

Le foglie non sono conosciute, ma dai rami fioriferi si giudica una specie di mezzana statura.

10. **Basselinia Billardierii** Becc.? —*Microkentia Billardierii* H. Wendl. in Benth. et Hook. Gen. Pl. III 895; U. Dam-mer in Engl. Bot. Jahrb. XXXIX 1, 20. — *Cyphokentia Biliardierii* Ad. Brongn. in Compt. Rend. Ac. Sc. Paris, LXXVII 401.

La descrizione che di questa specie ha pubblicato Brongniart è molto incompleta e nemmeno molto chiara. Le foglie dovrebbero avere dei segmenti ineguali, più o meno larghi e plicati, glabrerrimi di sopra e squaminosi di sotto lungo le nervature. Lo spadice è detto rigido ed eretto (non patente, né renesso), con rami fioriferi cilindracei, cinereo-tomentosi fra i fiori. Il frutto vien descritto piccolo, sferico, con i resti degli stigmi situati lateralmente al di sopra del mezzo, con pericarpio leggermente carnoso e non fibroso; endocarpio crostaceo.

Habitat. — Nelle foreste presso Balade a 500 m. di altezza

(*Balansa, n.* 3123 nell'Erb. di Parigi). Non vidi.

Per i ramoscelli fioriferi rivestiti di tomento cinereo rientrerebbe nel gruppo della *B. gracilis* ed affini.

Al giorno della morte dell'Illustre Autore questa memoria era in composizione di stampa. Perciò fu integralmente riprodotta dal manoscritto.

Nota di U. Martelli.

TAVOLE E LORO SPIEGAZIONE

La spiegazione delle figure è stata compilata da U. Martelli sulla scorta dei disegni originali dai quali sono prese le indicazioni dell'esemplare esaminato.

Tavola I.

I.

Chambeyronia macrocarpa Vieill.

Fig. *a, b,* fiore ♂
» *c*, stame.
» *d,* fiore ♀
» *e,* ovario con staminodi.
» *f,* ovario, sezione longitudinale.
» *g,* frutto.
» *h,* frutto, sezione longitudinale.
» *i,* seme.

II.

Chambeyronia Hookerii Becc.

Fig. *k*. frutto.

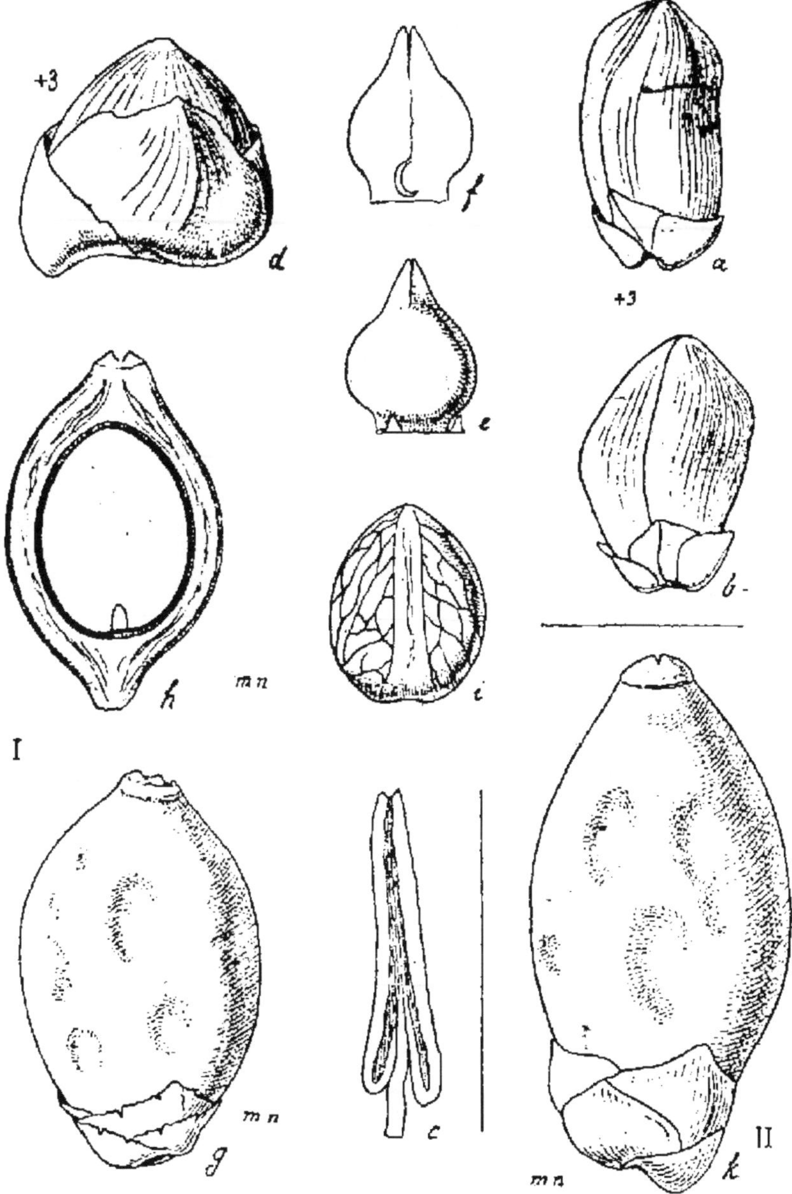
+3
d
f
a
+3
e
b
h
mn
i
I
g
mn
c
II
k
mn

Tavola II.

Kentiopsis olivaeformis Brongn.

Fig. *a,* fiore ♂.
» *b*, fiore ♂ in boccio.
» *c*. fiore ♂, sezione longitudinale.
» *d,* stame.
» *e,* fiore ♀
» *f,* ovario con staminodi.
» *g,* ovario, sezione longitudinale.
» *h,* frutto.
» *i* frutto, sezione longitudinale.
» *k.* sezione trasversale di porzione del frutto.
» *l*, seme.

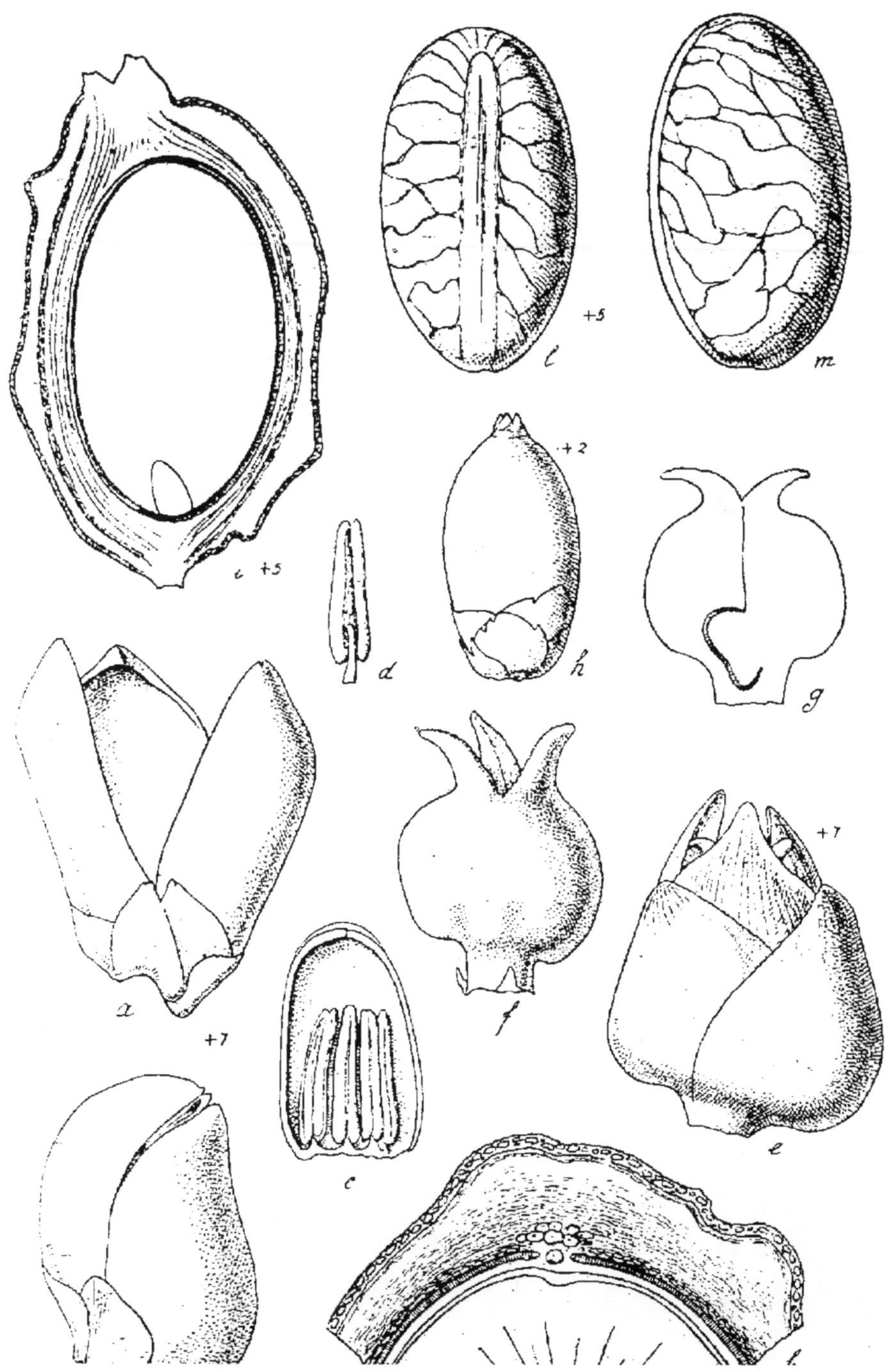
l
+5
m
+2
i
+5
d
h
g
a
+7
f
+7
e
c

Tavola III

Actinokentia divaricata Dammer.

Fig. *a*, parte superiore di un ramoscello con soli fiori ♂ (Esemplare Schlechter, n.° 15373).
» *b* fiore ♂ (Idem).
» *c*, fiore ♂ sezione longitudinale. (Idem).
» *d, e,* stami.
» *f,* ovario, sezione longitudinale. (Esemplare Pancher, in Herb., Paris).
» *g,* frutto. (Idem).
» *h*, frutto, porzione inferiore. (Idem).
» *i*, frutto, sezione longitudinale.
» *k*, seme (→←ilo).

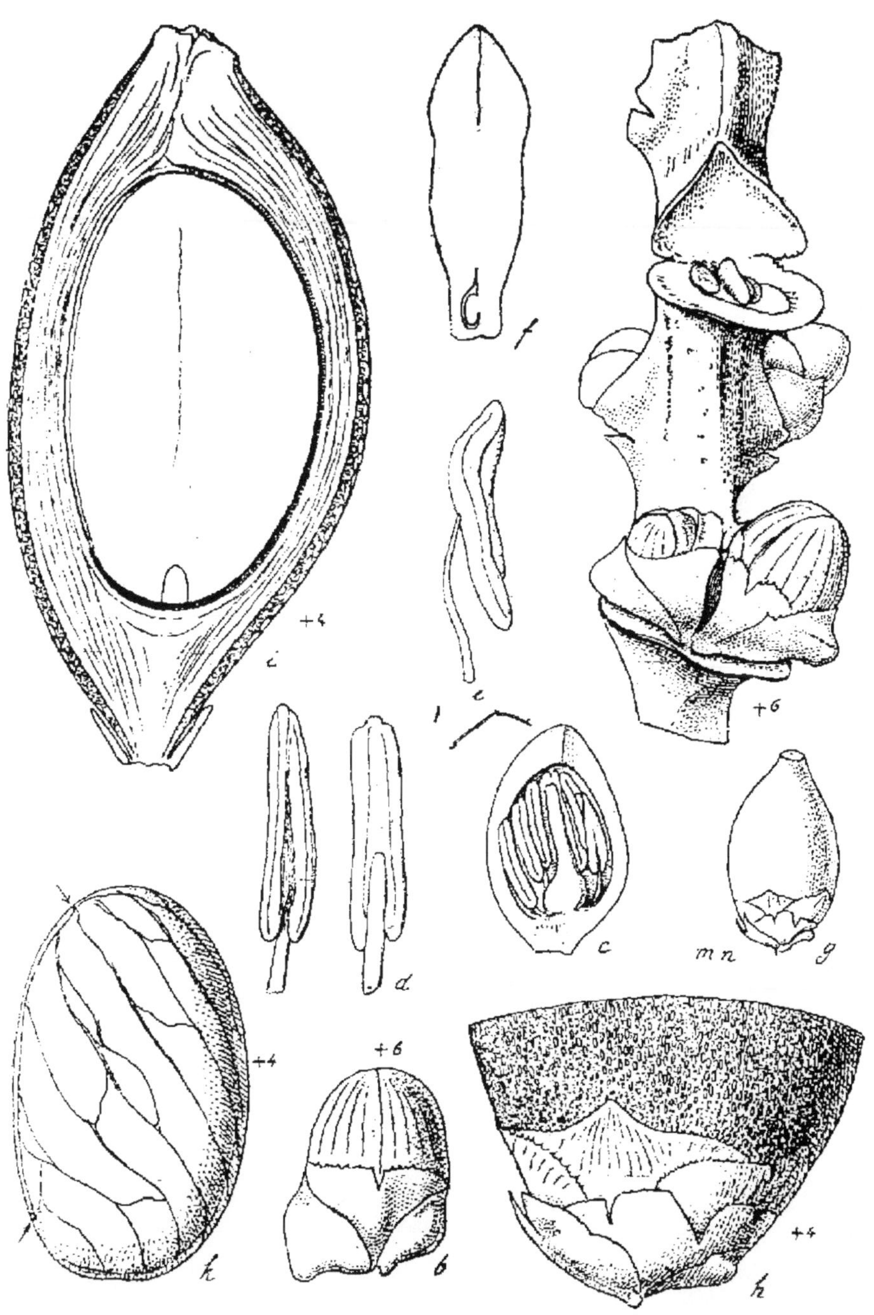
f
+4
i
e
+6
d
c
m n
g
+4
k
+6
b
+4
h

TAVOLA IV.

Cyphophoenix elegans H. Wendel

Fig. *a*, fiore ♂ (Esemplare Balansa n.° 3122).
» *b,* fiore ♂ sezione longitudinale. (Idem).
» *c*, ovario, sezione longitudinale. (Idem).
» *d,* frutto. (Idem).
» *e,* frutto, sezione longitudinale. (Idem).
» *f, g,* seme. (Idem).

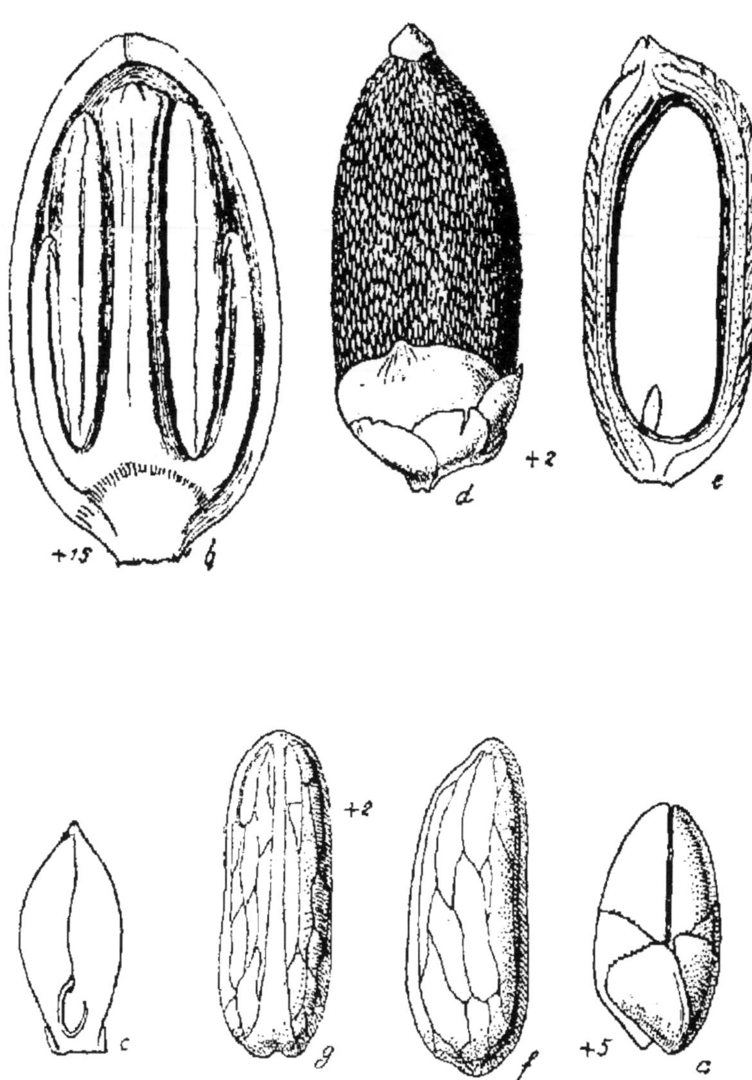
+15
b
d
+2
e
c
+2
g
f
+5
a

TAVOLA V.

Campocarpus fulcita H. Wendel.

Fig. *a, b,* flore ♂
» *c* fiore ♂ sezione longitudinale.
» *d. e,* stami.
» *f,* fiore ♀.
» *g*, ovario con staminodi. (Esemplare Balansa. 1960).
» *h,* ovario, sezione longitudinale. (Idem).
» *i*, frutto. (Idem).
» *k,* frutto, sezione longitudinale. (Idem).
» *l, m,* seme. (Idem).

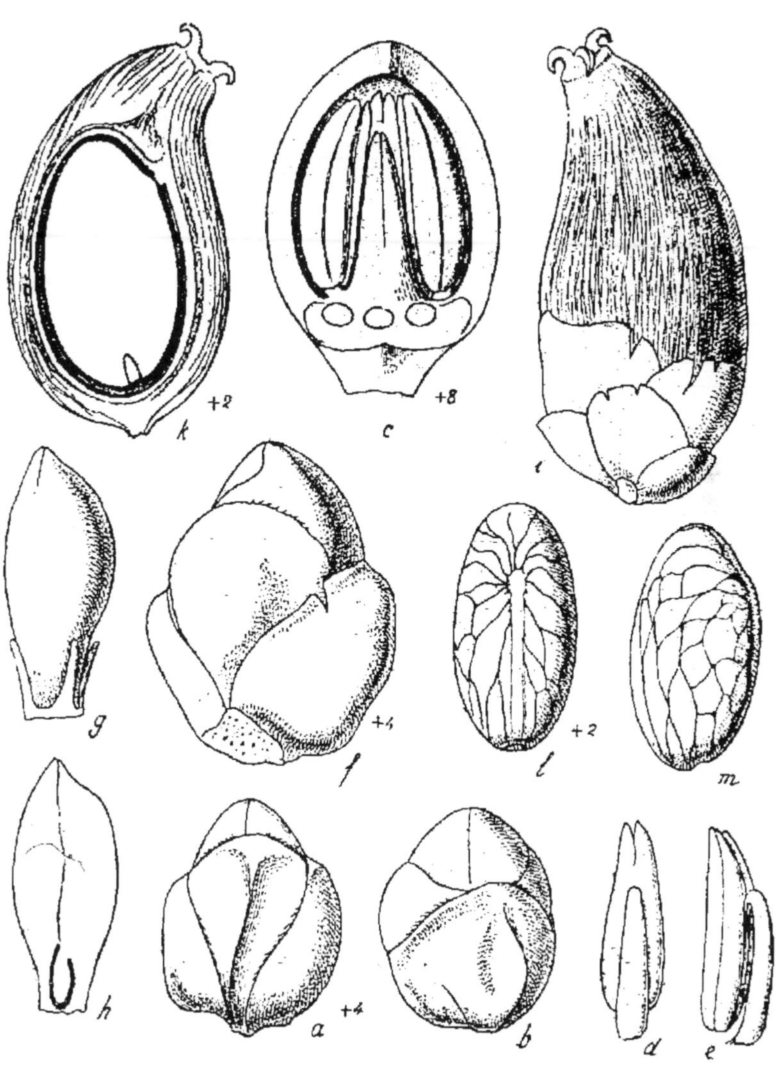

k
+2
c
+8
i
g
f
+4
l
+2
m
h
a
+4
b
d
e

Tavola VI.

Cyphosperma Balansae H. Wendel.

Fig. *a,* fiore ♂ (Esemplare Balansa n.1961).
» *b, c* stami. (Idem).
» *d,* fiore ♂, sezione longitudoinale (Idem).
» *e.* ovario con staminodi. (Idem).
» *f.* sezione longitudinale dell'ovario (Idem).
» *g*, frutto (Idem).
» *h*, frutto, sezione longitudinale. (Idem).
» *i*, frutto veduto dal lato del rafe. (Idem).

—

Tavola VII.

Rhyncocarpa Vieillardii Becc.

Fig. *a, b*, fiore ♂.
» *c*, fiore in sezione longitudinale.
» *d,* petalo con stame.
» *e*, stame.
» *f*, fiore ♀.
» *g*, ovario, sezione longitudinale.
» *h,* frutto.
» *i,* frutto, sezione longitudinale.
» *k,* frutto, sezione trasversale.
» *l*, *m,* frutto veduto dal lato del rafe di faccia e di fianco.

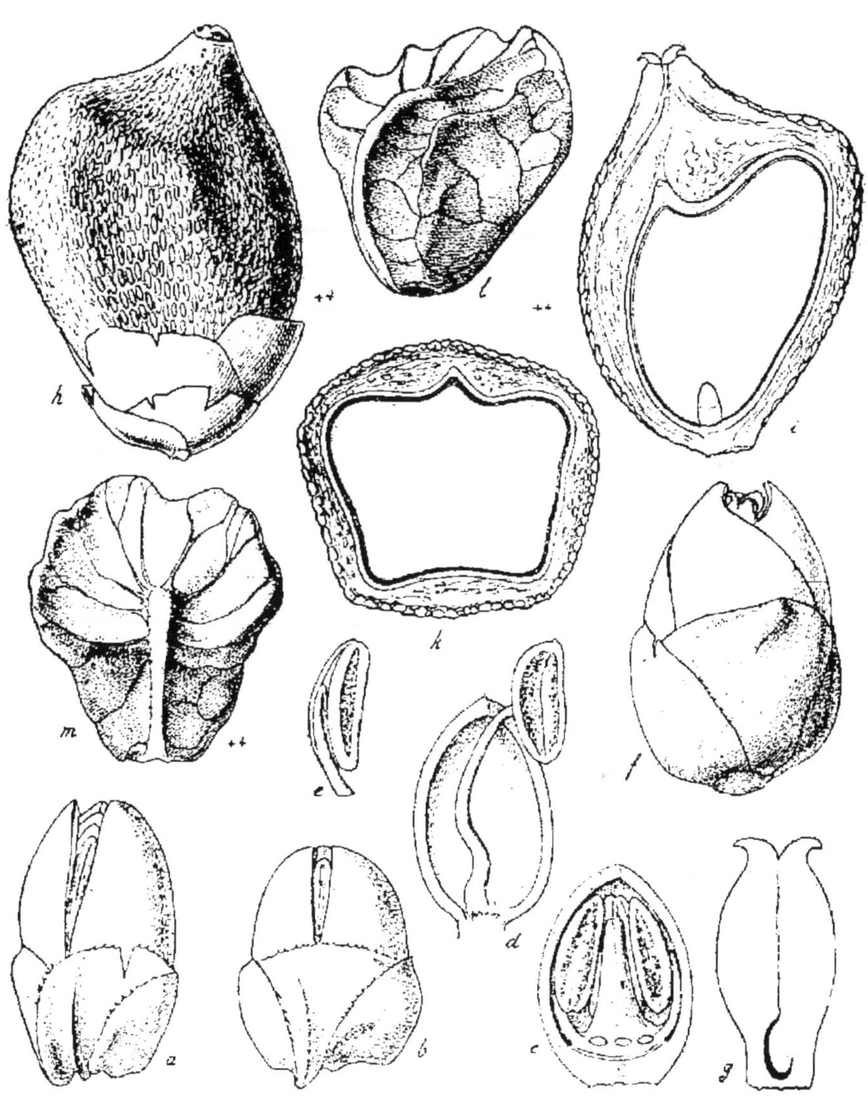
h
++
l
++
i
k
m
++
e
d
f
a
b
c
g

Tavola VIII.

I
Dolycokentia robusta Becc.

Fig. *a,* frutto.
» *b*, frutto sezione longitudinale.
» *c*, seme

II

Cyphokentia macrostachya Brongn.

Fig. *a*, fiore ♂, (Esemplare Balansa n.° 1970).
» *b*. fiore ♂ sezione longitudinale. (Idem).
» *c, d, e*, stami. (Idem).
» *f*, frutto. (Idem).
» *g*. frutto, sezione trasversale. (Idem).
» *i,* seme. (Idem).

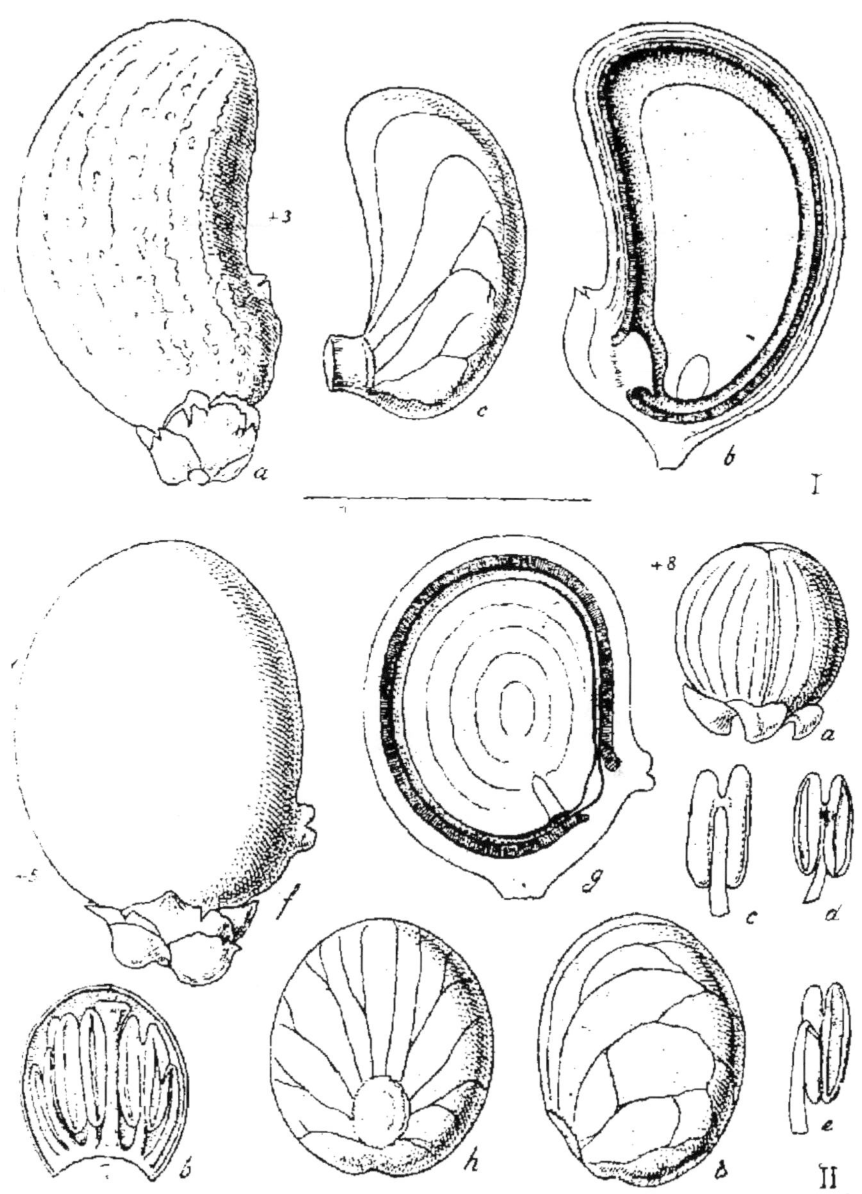
+3
a
c
b
I
+8
a
f
g
c
d
h
e
II

TAVOLA IX.

Brongniartikentia vaginata Becc.

Fig. *a,* fiore ♂
» *b* fiore, sezione longitudinale.
» *c*, androceo e rudimento di ovario.
» *d, e*. stami.
» *f,* frutto.
» *g,* frutto, sezione longitudinale.
» *h.* ovario con staminodi.
» *i, k*, seme.

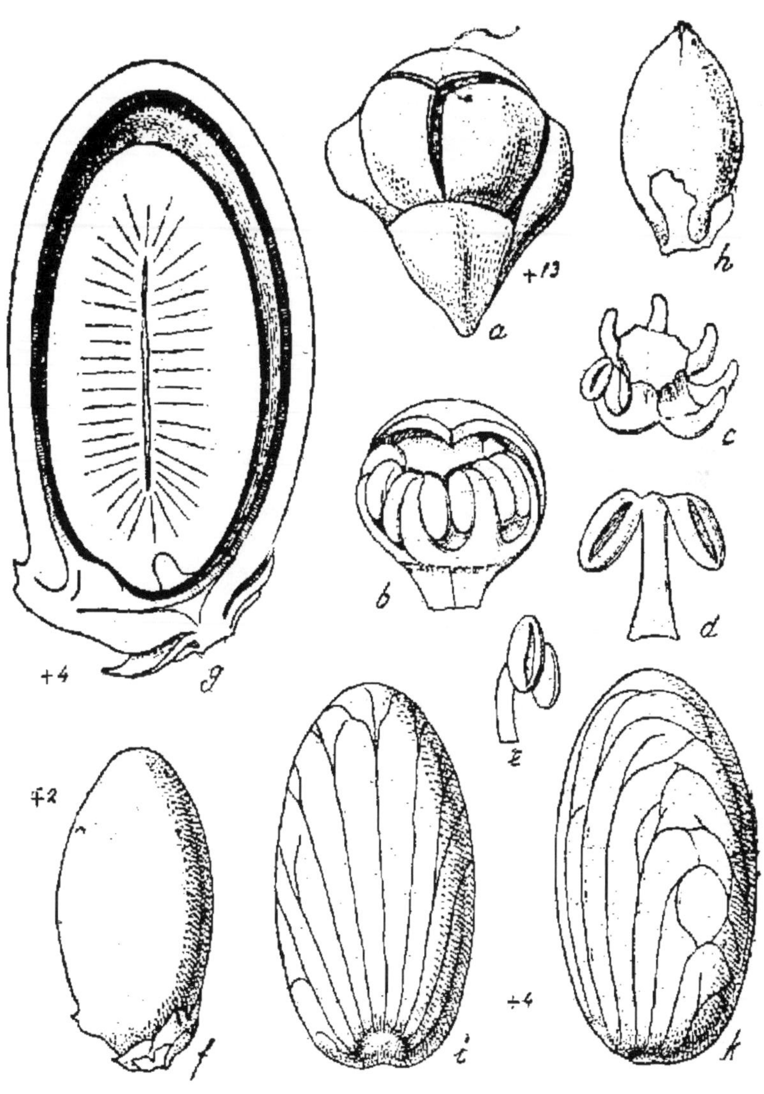
h
+13
a
c
b
d
+4
g
e
+2
f
i
+4
k

Tavola X

Clynosperma bractealis Becc.

Fig. *a, b,* fiore ♂.
» *c*, fiore veduto dall'alto mostrante le antere ed il rudimento dell'ovario.
» *d,* frutto.
» *e*, stami e rudimento di ovario.
» *f,* stami.
» *g,* flore ♀.
» *h,* ovario con staminoidi.
» *i,* ovario, sezione longitudinale.
» *h*, frutto.
» *l,* frutto, sezione longitudinale.
» *m, n,* seme.
» *o,* seme, sezione longitudinale.

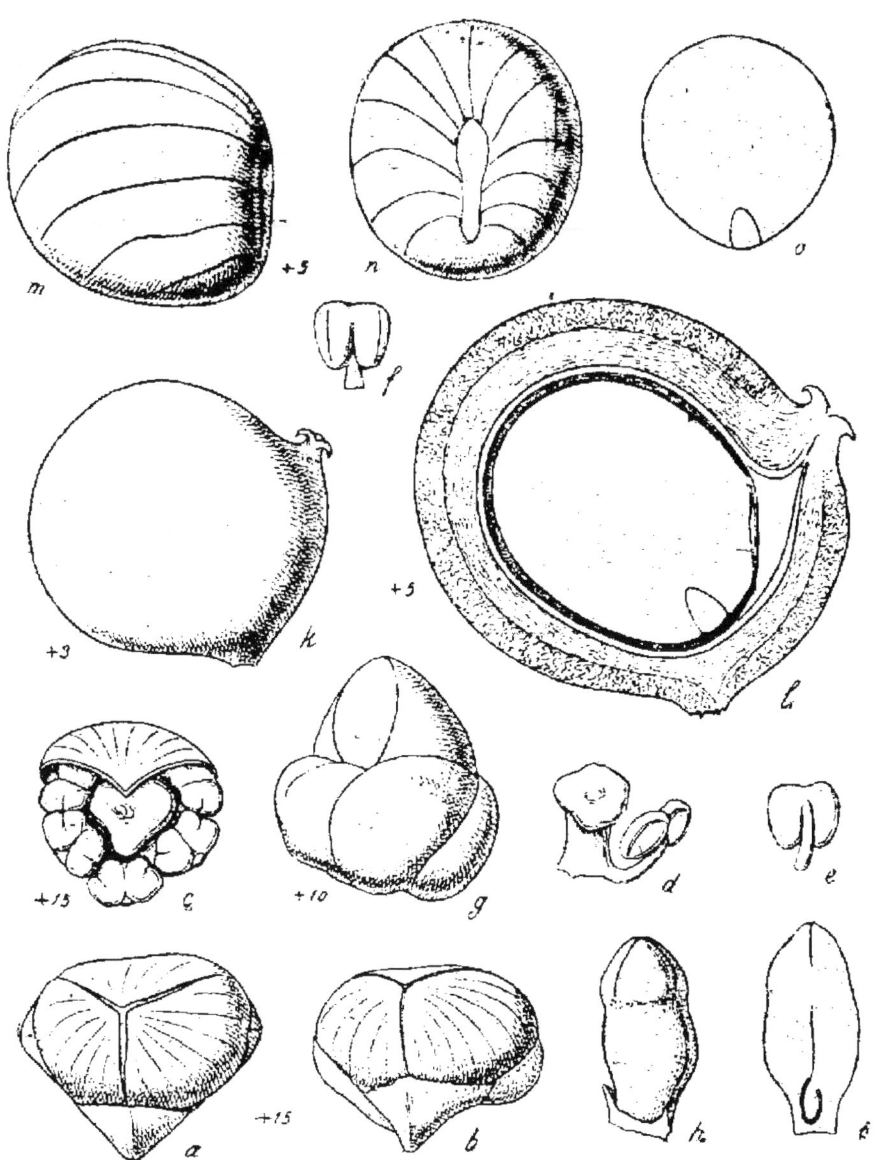
m
+5
n
o
f
+3
k
+5
l
+15
c
+10
g
d
e
+15
a
b
h
i

Tavola XI.

Basselinia gracilis Vieill

Fig. *a*. fiore ♂
» *b,* stame.
» *c,* fiore ♀.
» *d*, ovario con staminoidi.
» *e,* ovario, sezione longitudinale.
» *f,* frutto. (Esemplare Schlechter n.° 15236).
» *g*, frutto, sezione longitudinale.
» *h, i,* del seme.
» *k*, porzione di ramoscello con fiore ♀ (Esemplare Schlechter n.° 15236).
» *i,* frutto, sezione trasversale.

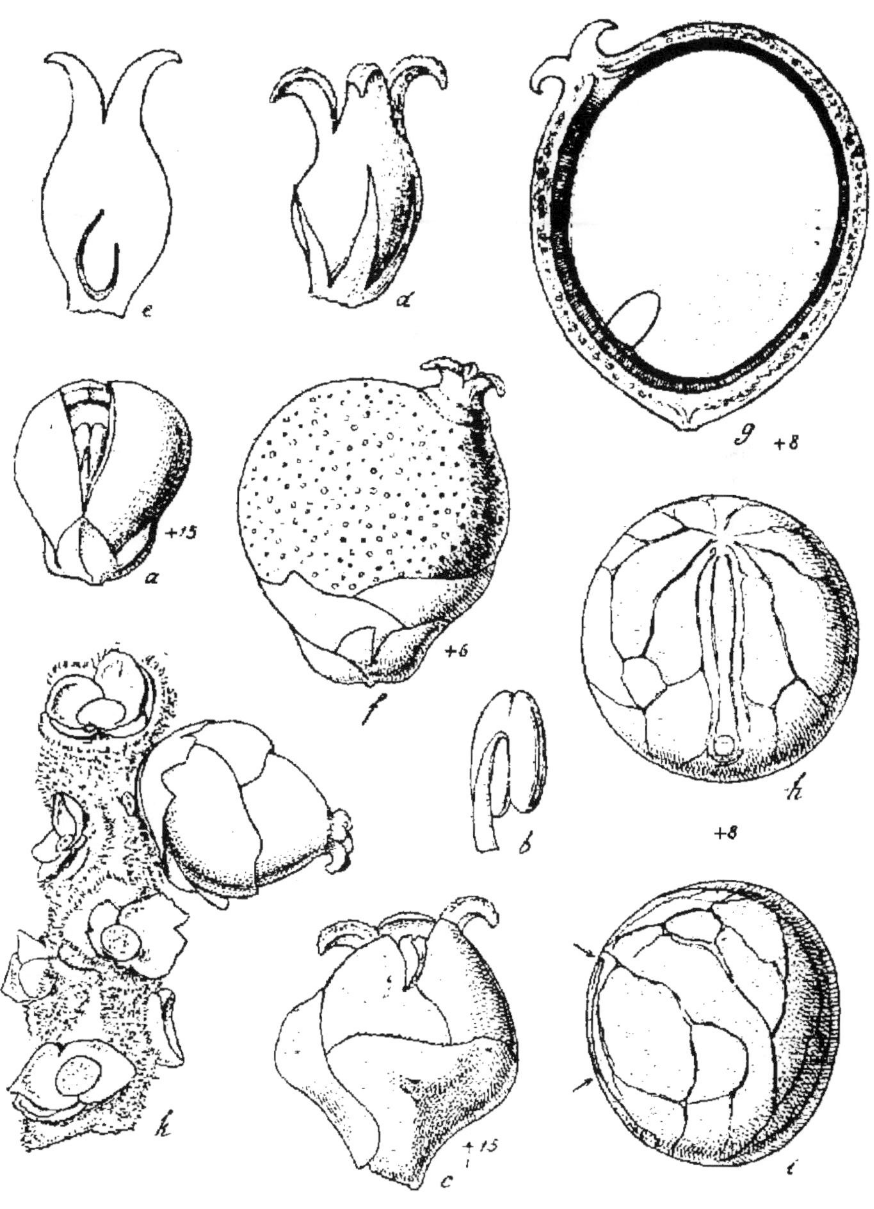
e
d
g
+8
+15
a
+6
f
h
b
+8
k
+15
c
i

TAVOLA XII.

Basselinia eriostachya Becc.

Fig. 1, frutto (immaturo).
» 2, fiore ♀.
» 3, ovario con staminoidi.
» 4, ovario, sezione longitudinale.

Basselinia Deplanchei Vieill.

Fig. 5, fiore ♀. (Esemplare Cribs n.° 1172 in Herb. Paris).
» 6, ovario con staminodi. (Idem).
» 7, fiore ♂, (Idem).
» 8, fiore ♂, sezione longitudinale. (Idem).
» 9, 10, 11, stami. (Idem).

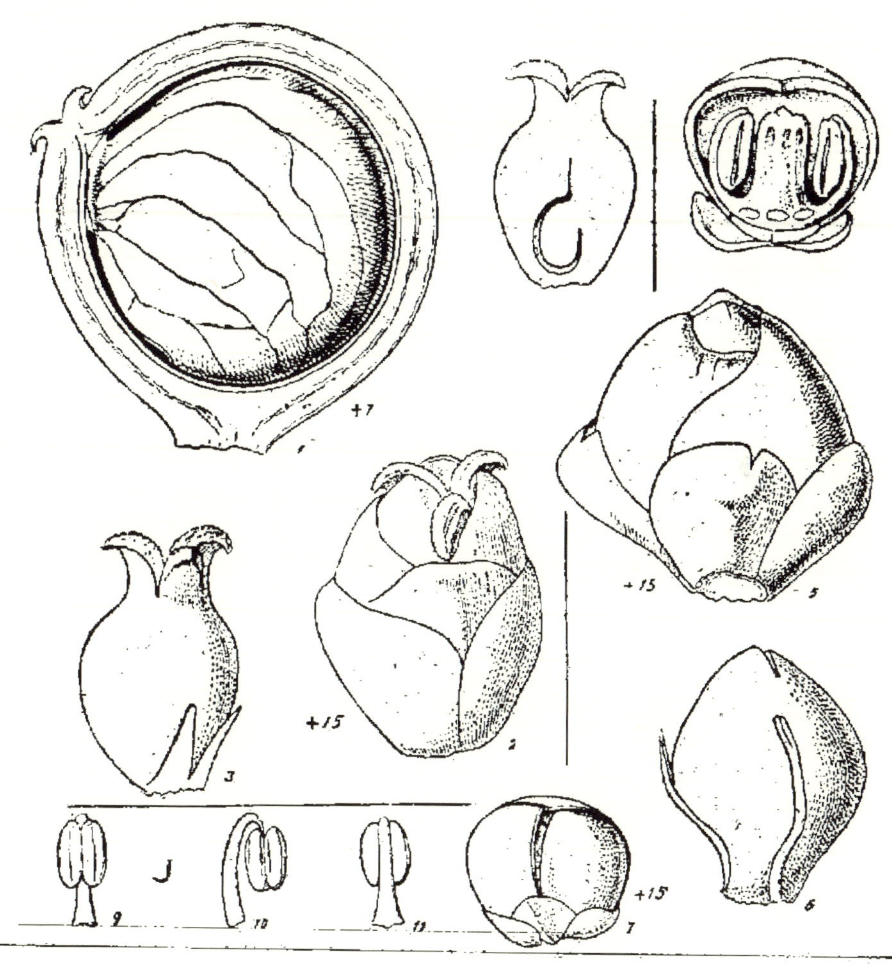
+7
+15
+15
+15'
3
2
5
6
7
9
10
11

Tavola XIII.

Basselinia Pancherii Vieill.

Fig. *a*, *b*, frutto. (Esemplare Balansa n.° 1965[a]).
» *c*, frutto, sezione trasversale. (Idem).
» *d*, seme. (Idem).

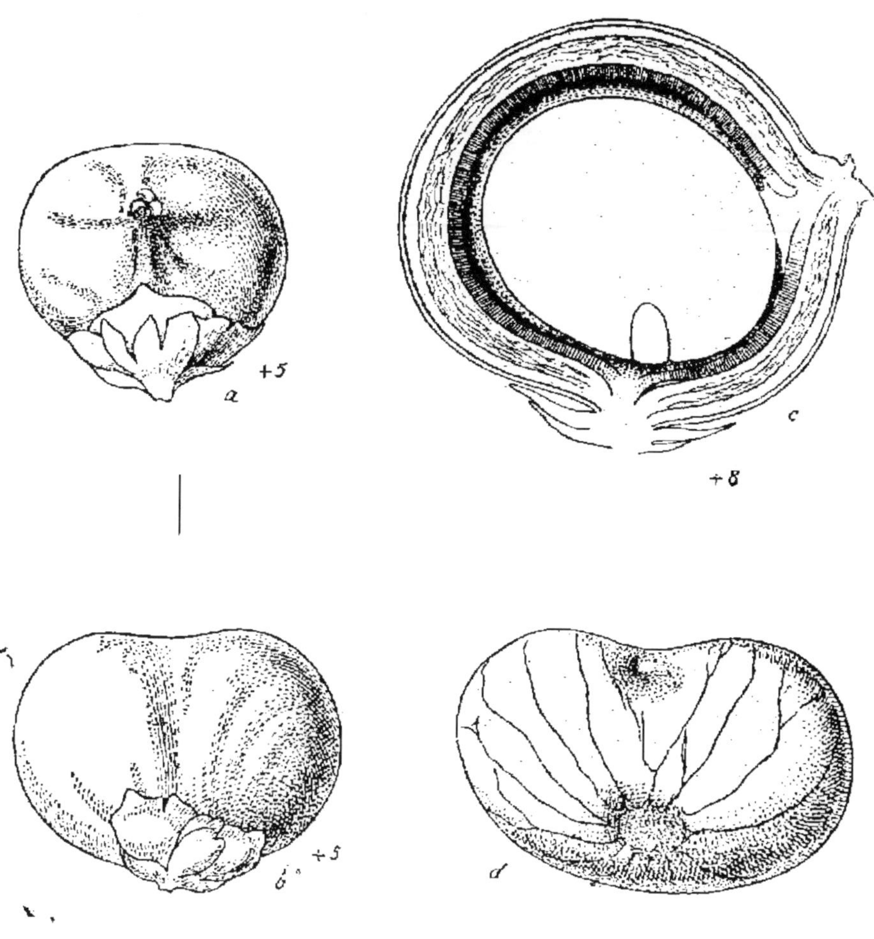

+5
a
c
+8
+5
b
d

Made in the USA
Las Vegas, NV
03 February 2025